챗GPT & AI 활용법

앤미디어 지음

BM (주)도서출판 성안당

누구나 유용하게 사용할 수 있는
챗GPT를 이용한 슬기로운 AI 사용법

챗GPT를 한 번도 안 써본 사람은 있어도 한 번만 써본 사람은 없다는 말이 있을 정도로, 챗GPT를 잘 활용하는 사용자는 업무와 일상에서의 시간과 노력을 줄일 수 있습니다. 이제는 우리 주변에 알게 모르게 AI 기술이 많이 활용되고 있으며, 우리 일상에서도 많은 부분에서 AI 기술이 우리의 삶을 편하게 변화시키고 있습니다. 인간과 자연스럽게 대화하면서 정보를 얻거나 업무에 도움을 주는 챗GPT와 AI 기능을 이용한 도구들은 이제 일상이 되고 있습니다.

챗GPT는 작가나 디자이너, 음악가 등 창작자들에게 영감을 제공하고, 새로운 아이디어를 제시할 수 있습니다. 창의적인 발상으로 시안을 하나 더 추가하는 개념이기도 합니다. 또한 정보에 취약한 소외 계층에게도 시간과 비용을 들이지 않고도 원하는 정보를 제공받을 수 있습니다. 물론, AI 기술을 활용하려면 해당 도구를 이해하고, 내가 필요한 목적에 맞게 활용하는 방법을 알아야 합니다.

이 책은 챗GPT와 AI 도구를 활용하여 누구나 쉽게 일상이나 업무에서 사용 가능한 콘텐츠 만드는 방법을 소개하고 있습니다. 'AI 기능은 첨단 기능이고 어렵다.'라는 선입견을 버리고, 따라하다 보면 누구나 쉽게 학습할 수 있을 것입니다. AI가 접목된 기능의 목적은 어려운 기능은 AI가 해결하고, 사용자는 정보를 데이터화하여 간단한 조작만으로 원하는 결과물을 얻기 위함입니다.

이 책의 구성은 다음과 같습니다. PART 1에서는 처음 사용자를 위해 챗GPT 설치부터 정확한 답변을 위한 질문법, 기본적인 챗GPT 사용 방법, 보다 손쉽게 챗GPT를 사용하는 노하우를 소개합니다. 챗GPT의 기본기를 배웠다면 PART 2에서는 기능을 업그레이드하여 원하는 정보에 정교하게 접근하기 위한 방법을 소개합니다. PART 3과 PART 4는 각각 AI 기능을 이용한 이미지와 영상 제작 노하우를 제공하고 있습니다. 이 책을 통해 일상과 업무에 실질적인 도움이 되었으면 합니다.

책이 나오기까지 도움을 주신 최옥현 전무님과 편집 진행을 담당한 앤미디어 박기은, 유선호 님, 지문을 검수해 주신 이문형 교수님, 모델링 작업에 도움을 주신 박범희 님에게 감사를 드립니다.

앤미디어

이 책에서 알려주는
챗GPT 활용과 AI 도구 학습 로드맵

이 책의 구성에 맞게 챗GPT와 AI 도구를 배우는 방법을 로드 맵 형태로 소개합니다. 누구나 쉽게 챗GPT와 일상과 업무에 사용 가능한 AI 도구를 사용해 보세요.

PART 1 챗GPT를 질문과 답변 형식으로 기본 사용하는 방법

1 챗GPT 사용을 위한 세팅

챗GPT 계정 설정부터 가입, 무료, 유료 업그레이드 설치 및 결제 취소, 챗GPT의 구성 메뉴 사용 방법 설명과 인터페이스를 소개합니다.

PART 01 SECTION · 01 ~ 04

2 효과적인 질문 방법 소개

챗GPT에게 원하는 답변을 얻기 위해서는 정확하고 구체적으로 제대로 질문을 해야 합니다. 주제별 효과적인 질문 방법을 알아봅니다.

PART 01 SECTION · 05 ~ 20

PART 4 AI와 만드는 다양한 테마의 영상 제작 방법

8 정보 영상부터 강의 영상 만들기

정보를 제공하기 위한 카드뉴스 영상부터 강의 영상은 내가 출연하지 않아도 나를 대신하는 음성과 AI 휴먼으로 영상을 만들 수 있습니다.

PART 04 SECTION · 01 ~ 03

PART 04 SECTION · 05

7 숏폼부터 유튜브 영상 만들기

챗GPT로 준비한 영상 대본을 준비한 다음 AI 영상 편집 도구를 이용하면 주제에 맞게 이미지와 영상, 배경음악까지 제작 방법을 알아봅니다.

PART 04 SECTION · 01

PART 04 SECTION · 04

인공지능 시대를 살아가는
챗GPT와 AI 활용법

업무와 일상에서의 시간과 노력을 줄여주는 챗
GPT와 AI, 나만의 서포터인 챗GPT와 AI 사용으로
삶의 변화를 줄 수 있습니다. 가정에서 회사에서
창의적인 아이디어와 도구를 이용하여 효율적인
활용 방법을 배워 보세요.

▲ 그림 실력보다는 창의력 시대! 이미지 AI로
원하는 이미지를 얻어요. 154쪽 참조

일상에서도 나의 또 다른 부캐가 필요할 때!
챗GPT와 AI, 이렇게 사용해요.

▲ 주제에 맞는 가장 효율적인 일정표를 짜주고, 다양한
정보를 제공해요. 69쪽 참조

▲ 원하는 음악 장르부터 유튜브 배경 음악까지 AI로
내가 만들어요. 266쪽 참조

▲ 챗GPT로 그림 스타일을 배우고, 스타일을 이용하여
AI로 그려요. 66쪽 참조

▲ 챗GPT로 상대방이 원하는 핵심 정보를 채우고,
양식을 작성해요. 52쪽 참조

늘어나는 업무 시간과 작업량이 버거울 땐!
챗GPT와 AI 이렇게 활용해요.

▲ AI 휴먼으로 내가 출연하지 않고도 유튜브 영상을 대본대로 만들어요. 251쪽 참조

▲ 자료 정리부터 이미지, 동영상까지 슬라이드 프레젠테이션을 만들어요. 277쪽 참조

▲ 많은 정보와 자료를 원하는 형태로 압축 요약해서 업무 시간을 줄여요. 46쪽 참조

▲ AI가 명함부터 웹앱, 패키지 디자인까지 브랜드 디자인을 만들어요. 177쪽 참조

▲ 영상을 문장으로, 문장을 이용하여 AI가 다른 스타일의 영상을 만들어요. 239쪽 참조

▲ 신입 No! 챗GPT로 내 업무와 일상의 일들을 분담하여 처리해요. 125쪽 참조

이 책의 구성

빠르고 손쉽게 챗GPT와 AI 도구를 이용하여 업무나 일상에 활용할 수 있도록
체계적인 구성을 제공하고 있습니다.

❶ 이론 구성

챗GPT를 제대로 사용하기
위한 질문 작성 요령부터
주제별 문답법을 이론으로
구성하였습니다.

❷ 챗GPT 프롬프트

사례에 맞게 챗GPT를 이
용한 질문과 답변을 구분
하여 표시하였습니다.

❸ 키워드 이미지

각 챕터의 주제에 맞는
키워드를 넣어 Image AI
도구로 그린 그림을 제공
합니다.

④ 부연 설명

따라하기에 필요한 내용을
추가로 설명합니다.

⑤ 알아두기

본문의 내용에서 알아두면
좋은 내용을 정리하여 설
명합니다.

⑥ 따라하기

작업 순서를 따라하기 형
식으로 구성하여 누구나
쉽게 배울 수 있습니다.

⑦ 결과 미리보기

챗GPT나 AI 도구를 이용
하여 제작한 결과물을 미리
보여줍니다.

목차

PART 01 도전! 챗GPT 사용 준비와 길들이기

PART 02 챗GPT 파워업! 일상 업무 활용하기

실전! 디자이너 부럽지 않은 이미지 작업

PART
04 숏폼부터 유튜브 영상 제작 활용하기

예제 파일 다운로드

1 성안당 홈페이지(www.cyber.co.kr)에 접속하여 회원가입한 뒤 로그인하세요.

2 메인 화면 중간의 (자료실)을 클릭한 다음 제목+내용 검색 입력 창(🔍)에 '챗GPT', '챗GPT&', '챗 GPT&AI' 등 도서명 일부를 입력하고 검색하세요.

3 검색된 목록을 클릭하고 들어가 다운로드 창 안의 예제 파일을 클릭하여 다운로드한 다음 찾기 쉬운 위치에 저장하고 압축을 풀어 사용하세요.

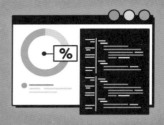

'사용자 질문에 놀라울 정도로 인간과 유사한 응답을 제공하는
챗GPT는 인터넷의 발명만큼 중요하다.'

- 빌 게이츠 Bill Gates

도전! 챗GPT 사용 준비와 길들이기

챗GPT를 처음 시작하는 사용자는 챗GPT 입력 창에 무엇을 어떻게 질문할 것인지 막막할 경우가 많습니다. 어떻게 질문해야 원하는 형태의 답을 얻을 수 있을까? 이러한 사용자를 위해 챗GPT 설치부터 정확한 답변을 위한 질문법, 기본적인 챗GPT 기본 사용 방법까지 손쉽게 챗GPT를 사용하는 노하우를 소개합니다.

01

업무 서포터,
챗GPT
시작하기

Image AI 作
나만의 업무 비서, 이제 고용해볼까?

넘쳐나는 자료와 정보를 업무에 활용하기 위해서는 단순한 검색 기능만으로는 한계가 있습니다. 마치 영화 〈아이언맨〉의 대화형 로봇인 '자비스'처럼 프로젝트를 진행하면서 내게 꼭 필요한 자료와 정보를 가공하거나 결합하여 제공해주는 업무 비서가 있으면 어떨까요?

업무 협업이 가능해진 이유는 챗GPT는 인간이 사용하는 언어를 기계가 이해하고 분석할 수 있는 언어 처리 기술을 사용하기 때문입니다. 언어를 공유한다는 것은 이제 인간과 기계 간의 커뮤니케이션 및 정보 처리를 보다 원활하게 할 수 있다는 것을 의미합니다.

업무 협업을 할 수 있는 현실적이고, 사용 가능한 인공지능이 있다면 바로 챗GPT일 것입니다. 챗GPT는 OpenAI가 개발한 대화형 인공지능 모델 중 하나입니다. OpenAI 는 인공지능 연구기관으로, 창립 일원으로는 우리가 알고 있는 일론 머스크(Elon Musk), 샘 알트만(Sam Altman), 그렉 브록만(Greg Brockman), 일리야 슈츠케버 (Ilya Sutskever) 등의 유명 인물들이 있으며, 현재는 다양한 분야에서 활동하는 전문 가들로 구성된 연구진이 함께 일하고 있습니다.

OpenAI의 목표에서 알 수 있듯이 인공지능 기술의 발전과 이를 이용한 사회적 이익 을 추구하는 것입니다. 이를 위해 OpenAI는 대규모의 연구 프로젝트를 진행하고, 무 료로 공개되는 인공지능 기술과 도구를 개발하고 있습니다.

GPT는 'Generative Pre-trained Transformer'의 약자로 Transformer라는 딥러닝 아키텍처를 사용하여 자연스러운 언어를 생성할 수 있으며, 상대방의 질문을 이해하고 답변할 수 있는 탁월한 능력을 가지고 있습니다. 챗GPT는 이러한 대화를 위한 모델 로, 이전 대화에서 사용된 맥락을 기억하고, 그 맥락에 기반하여 다음에 할 말을 생성 합니다. 이러한 기능은 챗봇이나 가상 비서처럼 유용하게 사용될 수 있습니다.

챗GPT를 유용하게 사용하기 위해서는 챗GPT가 잘하는 분야를 시키는 것이 효율적 일 것입니다. 예를 들어, 고객으로부터의 문의나 이메일 등의 데이터를 처리하고 응답 하는 작업은 이미 챗봇 기술을 이용하여 일반적으로 사용되고 있습니다. 자동화된 응 답 시스템을 통해 대화를 진행하며, 고객이 원하는 정보를 빠르게 제공해 줍니다.

챗GPT의 장점인 데이터의 분석과 이해에 도움을 얻을 수도 있습니다. 현업에서는 챗GPT를 활용하여 고객의 의견을 수집하고 분석하여 제품 개발에 반영할 수도 있을 것입니다. 또한 이를 토대로 새로운 아이디어를 발굴하는 데에도 큰 도움을 줍니다. 이 미 이러한 아이디어를 바탕으로 마케팅 전략 수립, 제품 기획 등에 활용하는 경우도 많 습니다.

현대 직장인들은 다양하지만 검증되지 않은 많은 양의 정보로 인해 검토만으로도 많은 시간을 할애하기도 합니다. 프로그래밍부터 그래픽 분야, 심지어 디지털 관련 예술 분야까지 새롭게 업그레이드되는 정보를 파악하고 이해하기란 쉽지 않습니다.

외부에서 들어온 정보를 가공, 요약하여 기획안을 정리하고, 샘플 데이터를 디자이너와 협업하여 결과물을 내고, 글을 정리할 때 프레임에 맞게 입력하거나 수정하는 경우에 이미 AI의 힘을 알게 모르게 자연스럽게 사용하고 있습니다. 일상의 아침부터 메일과 일정을 체크하고, 디자인된 그래픽 결과물을 포토샵의 센세이AI 기능으로 수정을 하고, 챗봇으로 상품 문의부터 정보 문서와 기안 정리를 챗GPT의 도움으로 빠르게 해결합니다.

이미 인공지능의 도움을 받으면서도 인식하지 못할 정도로 자연스럽게 일상에서 또는 업무에서 도움을 받게 됩니다. 자동차를 운전하기 위해 자동차의 엔진이나 전기장치 등을 배울 필요는 없습니다. 편리한 자동차는 복잡한 일련의 행동을 단순화시킵니다.

오히려 자동차를 세부적으로 공부하게끔 만드는 자동차는 운전자가 불만스러운 부분이 있거나 문제가 발생했기 때문일 것입니다.

인공지능이 탄생함으로써 자신의 작업이 없어질 것이라는 상상과 함께 인간과 AI와의 불협화음으로 심각한 문제가 발생할 것이라고 추측하는 사람들이 많습니다. 인공지능에 대한 정확한 이해를 바탕으로 현재의 발전 상황과 잠재적 위험성을 이해하는 것이 중요합니다. 인공지능 기술은 다양한 분야에서 적극적으로 활용될 수 있습니다. 이러한 기술을 적극 활용함으로써 우리가 살아가는 방식이 변화하면서 사회적 이익을 추구할 수 있습니다.

인공지능이 발전하더라도 인간의 가치는 변하지 않습니다. 우리는 인공지능과 함께 인간적 가치를 존중하면서 인공지능을 제대로 활용한다면 우리의 삶을 더욱 풍요롭게 만들 수 있을 것입니다.

AI가 제안한 브랜드 목업 이미지

브랜드 색상

#fcf7fb

#e25ba8

#e572b4

#e889c0

#eca1cc

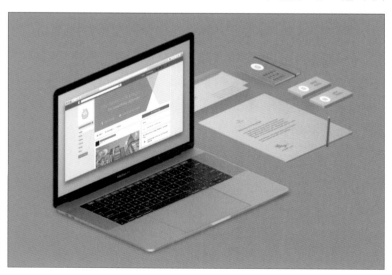

02

챗GPT
사용을 위한
가입 & 설정하기

Image AI 作
내 생각을 이해하는 인공지능이 필요해!

챗GPT와 대화를 하려면 일반적인 채팅 프로그램이나 메신저 앱을 사용할 필요 없이, 웹 브라우저를 이용해서 챗GPT 웹사이트에 접속하면 됩니다. 챗GPT는 인공지능 기술을 이용한 대화형 챗봇으로, 따로 설치할 필요가 없습니다. 챗GPT와 대화를 하기 위해서는 인터넷에 연결된 기기와 브라우저만 있으면 됩니다. 스마트폰에서도 챗GPT를 사용할 수 있으며, 웹 브라우저나 사파리(Safari) 앱으로 접속하여 이용합니다. 챗GPT 기능을 사용할 수 있는 옵션이 추가된 API(서로 다른 소프트웨어 시스템이 상호 작용하고 데이터를 주고받을 수 있도록 설계된 인터페이스)가 확장되면 사양한 앱에서도 챗GPT를 사용할 수 있을 것입니다.

챗GPT는 무료 버전인 GPT-3.5가 2022년 11월 말에 나왔으며 이후 유료 버전인 GPT-4가 4개월만에 전격 발표되었습니다. 먼저 무료 버전인 GPT-3.5를 설정한 다음 GPT-4를 업그레이드하여 두 버전을 선택적으로 사용할 수 있도록 구성합니다.

PC에서 챗GPT 실행하기

01 구글 검색 창에 'chatgpt'라고 입력한 다음 검색된 항목에서 Openai.com에서 제공하는 블로그 항목인 'Intrpducing ChatGPT – OpenAI'를 클릭합니다.

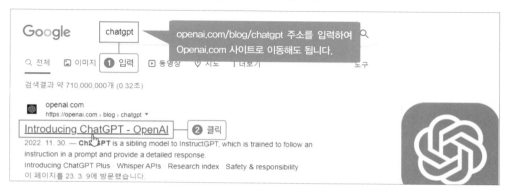

02 Intrpducing 챗GPT 화면이 표시되면 화면 하단의 (Try ChatGPT) 버튼을 클릭합니다.

알아두기 챗GPT 추천 웹 브라우저

챗GPT를 사용할 때 추천하는 웹 브라우저는 최신 웹 표준과 기술을 지원하는 웹 브라우저입니다. 주요 웹 브라우저들 중 하나를 사용하는 것이 좋습니다. 이러한 브라우저는 일반적으로 높은 호환성, 성능 및 보안 기능을 제공합니다. 원활한 사용자 경험을 위해 항상 브라우저를 최신 버전으로 유지하는 것이 좋습니다.

❶ 구글 크롬(Google Chrome)   ❷ 마이크로소프트 에지(Microsoft Edge)   ❸ 애플 사파리(Apple Safari)

03 | 챗GPT에 가입하기 위해 〔Sign up〕 버튼을 클릭합니다.

기본으로 설치되는 챗GPT는 무료 버전인 3.5 버전입니다. 유료 버전인 챗GPT 4 버전의 경우에는 무료 버전 설치 후 추가로 설치하는 것이 좋습니다.

04 | 계정을 만들 것인지 묻는 대화 상자가 표시됩니다. 새로운 계정을 만들거나 구글 계정이 있다면 〔Contineue with Google〕을 버튼 클릭합니다.

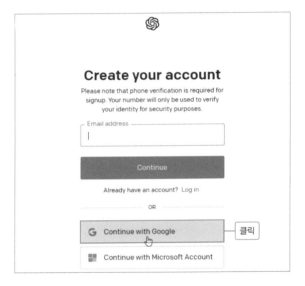

알아두기 | 정보 메뉴

최신 버전의 GPT에 대한 정보를 얻기 위해서는 화면 상단의 'Menu'를 클릭한 다음 팝업 메뉴에서 원하는 항목을 선택합니다.

05 │ 계정 선택 대화상자가 표시되면 구글 계정에서 선택할 계정을 클릭합니다.

06 │ 본인 확인을 위해 전화번호를 입력한 다음 〔Send code〕 버튼을 클릭합니다.

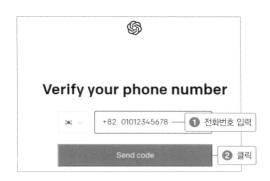

07 │ 스마프폰으로 인증 코드가 전송되면 코드 입력 창에 코드를 입력합니다.

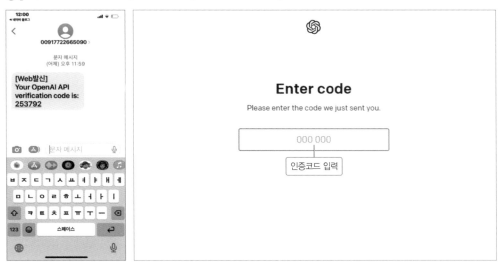

08 | 그림과 같이 챗GPT 메인 화면이 표시되며 하단에 질문 입력 창이 보입니다. 이제 챗GPT 사용이 가능합니다.

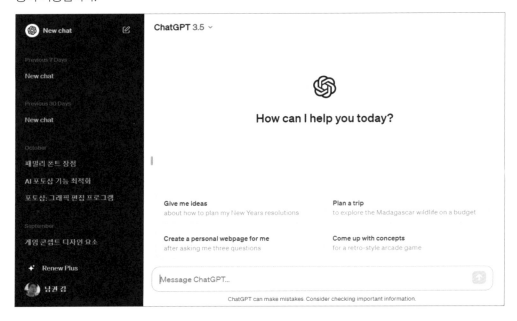

09 | 입력 창에 간단하게 인사를 입력합니다. 챗GPT로부터 답변이 표시되면 제대로 설정이 완료된 것입니다.

스마트폰에서 챗GPT 실행하기

01 | 스마트폰에서 웹 브라우저나 아이폰 사용자는 사파리 앱을 통해 'openai.com/blog/chatgpt' 사이트로 이동합니다. (Try ChatGPT) 버튼을 클릭합니다.

02 | 챗GPT가 실행되면 (Log in) 버튼을 클릭하고 메일 주소나 계정을 통해 로그인을 합니다(22쪽 참조).

03 | PC 버전과 동일하게 입력 창에 질문을 입력하면 챗GPT의 답변을 얻을 수 있습니다.

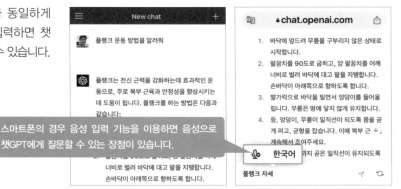

스마트폰의 경우 음성 입력 기능을 이용하면 음성으로 챗GPT에게 질문할 수 있는 장점이 있습니다.

04 │ 홈 화면에 챗GPT를 앱 아이콘 형태로 저장해 두기 위해 하단의 공유 버튼을 클릭하여 표시되는 화면에서 〔홈 화면에 추가〕를 클릭합니다.

05 │ '홈 화면에 추가' 화면이 표시되면 지정할 아이콘 이름을 입력한 다음 〔done〕 버튼을 클릭합니다. 스마트폰 홈 화면에 앱 아이콘 형태의 챗GPT 아이콘이 만들어졌습니다.

챗GPT
어떻게
생겼을까?

Image AI 作
사용자를 닮아가는 챗GPT

챗GPT는 대화형 언어를 사용하기 때문에 자연스러운 대화를 나누며 다양한 질문에 답변하거나 정보를 제공할 수 있는 텍스트 입력식 프롬프트를 제공합니다. 사용자는 텍스트 대화를 통해 정보 검색, 문제 해결, 조언 구하기 등 다양한 목적으로 질문 형식으로 텍스트를 입력합니다. 챗GPT 인터페이스는 PC의 웹 브라우저뿐만 아니라 모바일 앱에서도 통합 인터페이스를 제공합니다.

챗GPT를 실행하면 시작 화면이 표시되며, 왼쪽 패널에는 새로운 대화를 위한 옵션과 대화 목록, 유료 챗GPT 설정, 다크 모드 등이 위치해 있습니다. 오른쪽 화면에는 챗GPT를 이용하기 위한 입력 창과 사례, 기능, 제한 사항 등을 소개하고 있습니다.

❶ New chat(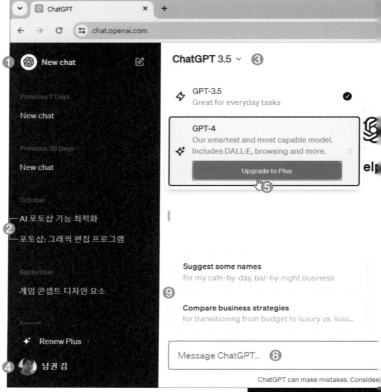)

새로운 대화를 시작하는 기능입니다.
이 옵션을 선택하면, 챗GPT와 새로운
대화를 시작할 수 있습니다. 새로운
대화를 시작하면 챗GPT는 새로운
사용자와의 대화를 위해 초기 설정을
수행합니다. 옵션은 기존의 대화 내
용과는 독립적으로 새로운 대화를
시작할 수 있도록 해주는 기능입니다.

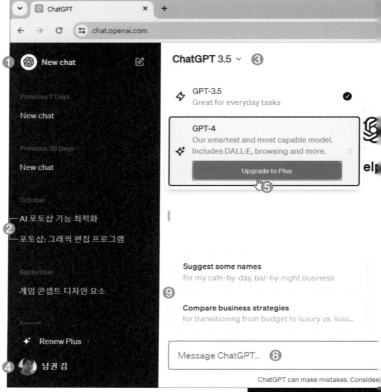

Light Mode

❷ List

이전에 질문했던 리스트가 표시됩니다. 이 리스트를 클릭하여 표시를 삭제하거나 이
름을 변경, 공유할 수 있습니다.

❸ 버전 변형 옵션

챗GPT–3.5와 챗GPT–4를 선택하여 사용할 수 있습니다.

❹ 사용자 계정

현재 사용자가 사용하고 있는 Plan이나 사용자화, 테마 및 로그아웃을 할 수 있는 메
뉴를 제공합니다.

❺ Upgrade to Plus()

챗GPT 업데이트 및 관리 결제 등을 제공하며, 사용자가 자주 묻는 질문과 그에
대한 답변을 제공합니다. 챗GPT Plus는 매월 20달러를 지불하며, 반응 속도 면
에서는 무료 챗GPT보다 빠릅니다.

⑥ Dark mode(🌙)

밝은 화면 대신 어두운 배경과 밝은 글씨로 구성된 화면을 제공하는 기능입니다. 기본적으로 밝은 화면에서 글씨를 읽는 것은 눈에 부담이 되고 오랫동안 사용할 경우 시력에도 영향을 미칠 수 있습니다. 어두운 배경에 밝은 글씨를 사용하는 Dark mode는 눈의 피로를 줄여주고 사용자들에게 더욱 편안함을 제공합니다.

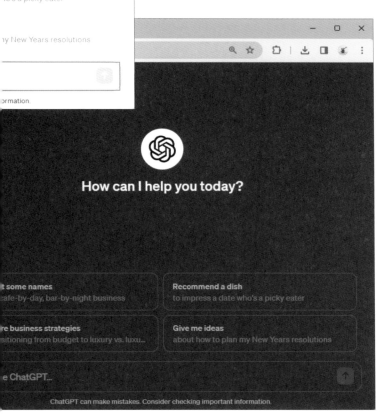

Dark Mode

⑦ Log out(↪)

사용자가 현재 로그인된 계정에서 로그아웃하고 다른 계정으로 로그인할 수 있도록 해주는 기능입니다. 로그아웃 기능을 사용하면 사용자는 개인정보와 같은 중요한 정보가 타인에게 노출되는 것을 방지할 수 있습니다.

⑧ 입력 창

챗GPT에게 질문을 입력하는 입력 창입니다. 질문을 입력한 후 Enter를 누르거나 '비행기' 아이콘(◁)을 클릭합니다.

⑨ ChatGPT 알림 창

챗GPT 사용 예시와 기능, 제한 사항 등을 제시합니다. 챗GPT를 사용하기 전에 간단하게 확인하세요.

04

챗GPT-4
사용을 위한
업그레이드를
하려면?

Image AI 作
업그레이드할수록 늘어나는 문장력

GPT-4는 새롭게 업그레이드된 버전으로, 대량의 텍스트 데이터로 학습되어 보다 빠르고 안정적으로 자연스러운 문장 생성이 가능합니다. 이전 버전에서는 장문의 긴 문장으로 질문할 경우 오류가 발생할 수 있었지만, GPT-4에서는 최대한 2만 5,000개의 단어까지 입력이 가능합니다. 향후에 이미지 업로드 기능을 쉽게 사용할 수 있도록 추가되어 이미지에 대한 정보와 자료를 이용할 수 있을 것입니다.

GPT-4로 업그레이드하기

챗GPT-4는 여러 가지 면에서 이전 모델들보다 발전된 기능을 가지고 있습니다. 여기 몇 가지 주요 장점들은 다음과 같습니다.

1 **향상된 언어 이해 및 생성 능력**: 챗GPT-4는 더 복잡하고 다양한 언어 패턴을 이해하고 생성할 수 있습니다. 이는 더 자연스러운 대화, 정교한 문서 작성, 그리고 복잡한 질문에 대한 더 정확한 답변을 가능하게 합니다. 또한 챗GPT-4는 2023년 4월까지의 정보를 학습했기 때문에, 최신 사건이나 발전에 대해 더 잘 알고 있습니다. 이는 더 최신의 정보와 트렌드에 대한 대화에서 유용합니다.

2 **다양한 언어 지원**: 이 모델은 다양한 언어로 통역하고 번역하는 능력이 향상되었습니다. 이는 다국어 사용자들에게 매우 유용합니다.

3 **더 정교한 문제 해결 능력**: ChatGPT-4는 복잡한 문제를 해결하는 데 있어 이전 모델보다 더 뛰어납니다. 이는 수학적 문제, 프로그래밍, 데이터 분석 등 다양한 분야에서 나타납니다.

4 **개선된 창의성**: ChatGPT-4는 창작 작업에서 더 창의적인 결과를 제공할 수 있습니다. 이는 예술적인 글쓰기, 시나리오 구상, 아이디어 생성 등에 도움이 됩니다.

5 **더 나은 맥락 이해**: 이 모델은 대화의 맥락을 더 잘 이해하고 기억할 수 있어, 연속된 대화에서 이전 대화 내용을 더 잘 활용합니다.

6 **이미지 생성 기능**: ChatGPT-4는 텍스트뿐만 아니라 이미지 입력에도 반응할 수 있는 멀티모달 기능을 갖추고 있어, 이미지와 관련된 질문이나 작업을 수행할 수 있습니다.

01 | GPT-4로 업그레이드하기 위해 Model 팝업 창에서 〔Upgrade to Plus〕를 클릭합니다.

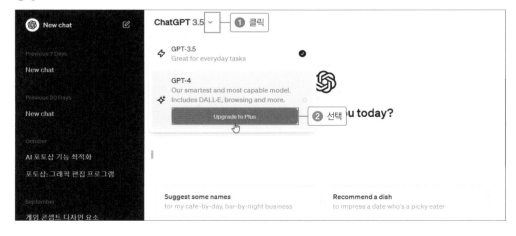

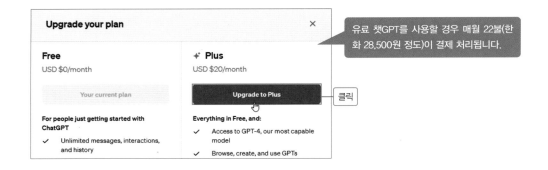

유료 챗GPT를 사용할 경우 매월 22불(한화 28,500원 정도)이 결제 처리됩니다.

02 | 결재를 위한 카드 정보 입력 창이 표시되면 카드 정보돠 청구 주소를 입력합니다.

알아두기 챗GPT-4의 장점

챗GPT-4 버전은 OpenAI가 2023년 3월 14일 발표한 유료 버전의 챗GPT입니다. 장점은 다음과 같습니다.

❶ **대규모 데이터 학습**: GPT-4는 방대한 양의 데이터를 학습하여 다양한 주제와 맥락에서 정확한 정보를 제공할 수 있습니다. 장문 기준 2만 5,000개의 단어까지 입력이 가능합니다.

❷ **안정적인 응답 속도**: 사용자가 챗GPT를 가장 많이 사용하는 시간에도 빠르게 답변을 제공하여 안정적으로 사용할 수 있습니다.

❸ **고품질의 문장 생성**: GPT-4는 자연스러운 문장을 생성하며, 문법적으로 올바르고 일관성 있는 텍스트를 작성할 수 있습니다.

❹ **문장의 맥락 이해 능력**: 이전의 대화 및 주제와 관련된 맥락을 이해하여 적절한 응답을 생성할 수 있습니다.

03 | 카드 결제에 대한 유의사항을 확인하고 체크 표시한 다음 〔구독하기〕 버튼을 클릭하여 결제를 완료합니다. GPT-4로 업그레이드된 메시지가 표시되면 〔Continue〕 버튼을 클릭합니다.

04 | 화면 상단에 Model 팝업 창이 표시됩니다. 여기에서 GPT-4와 GPT-3.5 버전을 선택하여 사용이 가능합니다.

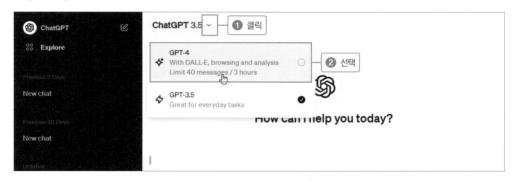

알아두기 Default GPT-3.5와 Legacy GPT-3.5의 차이점

Default GPT-3.5는 OpenAI에서 최신으로 개발한 GPT-3.5 모델을 의미합니다. 이 모델은 GPT-3 모델의 개선 버전으로, 더욱 강력한 자연어 처리 능력을 갖추고 있습니다. Legacy GPT-3.5는 이전에 사용되었던 GPT-3 모델 또는 이전 버전의 GPT-3.5 모델을 의미합니다.

유료 결제 플랜 취소하기

01 매월 구독 형식의 결제 플랜을 취소하기 위해서는 챗GPT 왼쪽 메뉴에서 (My plan)를 클릭합니다. 구독 관리 화면에서 (Manage my subscription) 을 클릭합니다.

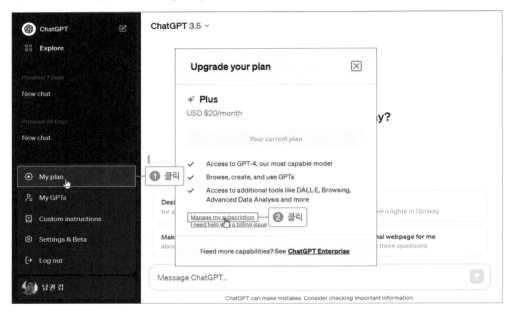

02 현재 결제 플랜을 알려주는 화면이 표시됩니다. 자신의 결제 플랜 및 카드 정보 등이 표시되며, 플랜을 취소하기 위해 (플랜 취소) 버튼을 클릭합니다.

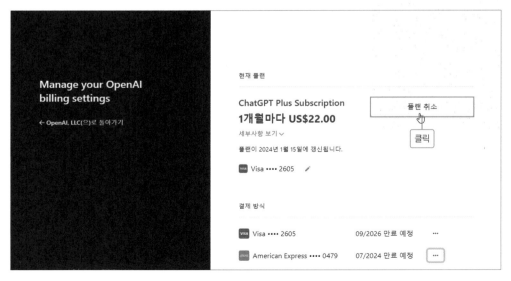

03 │ 플랜이 취소되는 시점을 알리는 메시지가 표시되면 〔플랜 취소〕 버튼을 클릭하여 결제 플랜을 취소합니다.

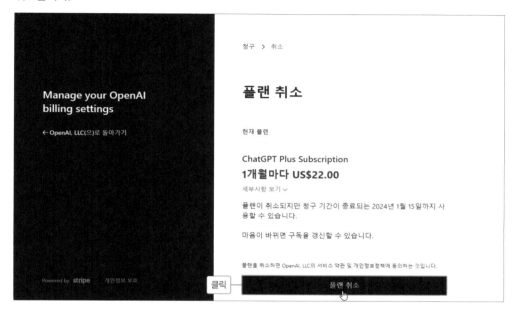

04 │ 현재 플랜이 〔취소됨〕으로 표시되었습니다. 매월 결제 플랜이기 때문에 결제를 취소해도 1개월 씩 사용 기간을 산정하기 때문에 남은 플랜 기간 동안에는 GPT-4를 사용할 수 있습니다. 플랜이 취소 되는 날짜는 화면에 표시됩니다.

알아두기 플랜 갱신하기

만약 취소한 결제 플랜을 다시 갱신하려면 〔플랜 갱신〕 버튼을 클릭합니다.

05

동일한 주제로
대화의 흐름을
이어나가려면?

Image AI 作
머스크 형, 대화의 흐름을 파악해 줘!

챗GPT는 이전 대화와 관련된 말을 생성하는 것이 가능합니다. 따라서 대화의 흐름을 파악하면 좀 더 자연스러운 대화가 가능합니다. 이전 대화 내용을 잘 기억하고 다음 대화에 반영하는 것이 중요합니다. 만약 서로 다른 주제의 질문을 할 경우에는 'New Chat' 기능을 이용하여 주제를 항목별로 나눠 놓고, 항목을 선택하면서 질문과 답변의 흐름을 이어가는 것이 좋습니다.

챗GPT에서 질문을 할 경우에는 주제를 정해 질문하는 것이 좋습니다. 대화의 효율성을 위해 답변의 최대 글자 수를 제한하고 있지 않습니다. 그러나, 길고 복잡한 질문에 대해서는 좀 더 구체적인 답변을 위해 질문을 분할하거나 질문의 요점을 요약하여 문제를 해결할 수 있는 방법을 찾는 것이 더 효율적이기 때문입니다.

다음은 일론 머스크의 스페이스X 프로젝트에 대해 질문을 하였습니다. 일반인의 우주여행 프로젝트인 스페이스X에 대한 내용을 받았습니다. 다음 질문으로 인류는 언제쯤 여행을 갈 수 있을지 물어보았습니다. 챗GPT는 처음 질문의 맥락을 이해하고, 인류의 우주 여행 시기에 대해 설명하였습니다. 첫 번째 질문의 주제를 이해하지 못하였다면 여행의 의미를 폭넓게 해석하여 일상의 여행일 수도 있고, 문화 여행으로 인식할 수도 있었을테니까요.

 일론 머스크의 스페이스X에 대해 알려줘.

 일론 머스크의 스페이스X는 2002년에 설립된 미국의 우주 탐사 기업입니다. 목표는 지구 궤도에 인공위성을 발사하고, 인류가 화성과 같은 행성을 탐사하며, 유인 우주 여행을 가능하게 하는 기술과 인프라를 개발하는 것입니다. 스페이스X는 대부분의 로켓과 인공위성을 자체적으로 개발하며, 이를 통해 우주 탐사를 더 저렴하고 효율적으로 할 수 있도록 노력하고 있습니다.

 그러면 인류는 언제쯤 여행을 갈 수 있을까?

 우주 여행이 가능한 시기는 여러 가지 요인에 따라 다양합니다. 현재로서는, 스페이스X를 비롯한 여러 기업과 우주 기관이 우주 비행을 더 안전하고 비용 효율적으로 만들기 위해 노력하고 있습니다. 재사용 가능한 로켓과 우주선, 인공지능 및 로봇 기술의 발전, 그리고 우주관광산업 등의 분야에서의 발전으로 인해 미래에는 더 안전하고 저렴한 우주 여행이 가능해질 것으로 예상됩니다. 그러나 정확한 시기는 예측하기 어렵습니다.

주제를 구분하여 질문하기

01 | 스페이스X 질문 이후 다른 주제의 질문을 하기 위해서는 왼쪽 상단의 〔+ New chat〕을 클릭합니다.

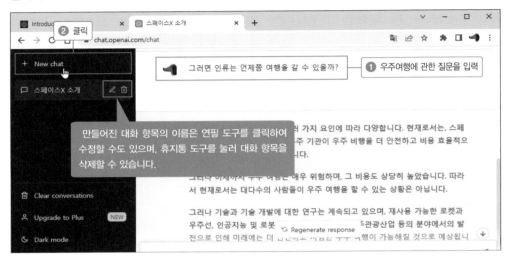

02 | 다른 주제의 질문을 하면 왼쪽 화면에 질문 항목이 표시됩니다. 예제에서는 한국 맛집 여행에 대해 질문을 하였습니다. 만약 다시 스페이스X 관련된 질문으로 되돌아가기 위해서는 왼쪽 화면의 〔스페이스X 소개〕 항목을 클릭하여 같은 주제의 질문을 하면 됩니다.

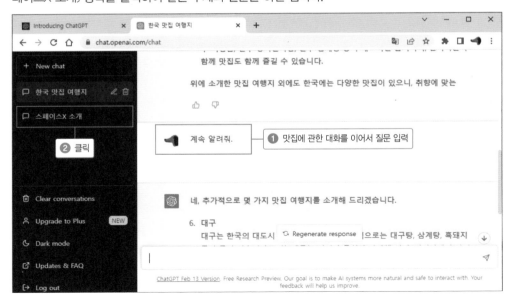

06

쉽고 명확한
단어를 사용하여
답변을 얻으려면?

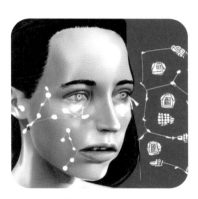

Image AI 作
쉬운 언어일수록 문장의 품위를 높인다.

챗GPT는 인간이 사용하는 언어를 이해하고 분석하기 때문에 기본적으로 어려운 단어보다는
쉽고 명확한 단어를 좋아합니다. 쉬운 단어를 이용하여 문법과 맞춤법에 신경 써서 질문을 작성
할 때 올바른 문법과 맞춤법을 사용하면 더욱 정확한 답을 얻을 수 있습니다.

챗GPT를 이용해 질문을 하기 위해서는 복잡하거나 어려운 단어를 사용해서는 안됩니다. 자칫
질문을 이해하는데 있어서 혼동을 줄 수 있으며, 챗GPT가 판단하고 답변을 내는 시간도 절약
할 수 있습니다.

챗GPT에게 '줌을 이용한 커뮤니케이션 방법을 알려줘.'라고 질문을 하였습니다. 답은 'Something went wrong. please try reloading the conversation.' 뭔가 잘못되었으니, 다시 로드해 달라고 합니다. 이유는 줌이란 단어가 '손아귀에 쥐었을 때의 양'을 의미하기도 하고, Zum이라는 포털 사이트 서비스이기도 합니다.

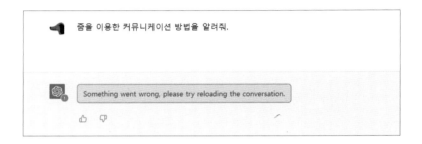

이 질문에서는 영상 대화 툴인 '줌(Zoom)'을 의미하므로, 영문으로 입력을 하였고, '의사소통'을 의미하는 커뮤니케이션이라는 단어보다는 '영상 대화'라는 명확한 의미의 단어로 다시 질문하였습니다. 이제야 질문을 파악하고 정확한 답변이 나옵니다.

 Zoom을 이용한 영상 대화 방법을 알려줘.

 Zoom은 온라인 비디오 대화 및 회의를 위한 인기 있는 플랫폼 중 하나입니다. 다음은 Zoom을 사용하여 영상 대화를 시작하는 방법입니다.

1. Zoom 계정 생성: Zoom 계정을 생성하면 Zoom 기능의 대부분을 이용할 수 있습니다. Zoom 계정을 생성하려면 이메일 주소와 비밀번호를 입력하고 등록 절차를 따르면 됩니다.

2. 대화 초대: Zoom에서 대화를 시작하려면 초대 링크를 전송해야 합니다. Zoom에서 회의를 만들고 초대 링크를 생성한 다음, 이 링크를 대화 상대에게 전송합니다.

3. 영상 대화 시작: 초대 받은 대상은 링크를 클릭하여 Zoom 회의에 참여할 수 있습니다. Zoom 회의에 참여하면 웹캠과 마이크를 사용하여 영상 대화를 시작할 수 있습니다. Zoom은 대화 참여자의 얼굴을 자동으로 인식하여 각각의 참여자를 화면에 표시합니다.

모호함은 No!
구체적으로
질문하려면?

Image AI 作
친절과 오해 사이

챗GPT의 정확한 답변을 위한 질문 방식은 명확하고 구체적인 질문을 해야 합니다. 모호하거나 추상적인 질문은 정확한 답변을 얻기 어려울 수 있습니다. 또한, 막연하고 추상적인 질문보다는 질문의 범위를 명확히 설정하면, 챗GPT가 질문에 대한 적절한 정보를 제공할 수 있습니다. 뿐만 아니라 질문을 논리적으로 구성하면, 질문의 의도를 이해하고 적절한 방법으로 답변할 수도 있습니다.

구체적인 질문을 하면 챗GPT는 질문 내용을 정확하게 이해하고 적절한 답변을 제공할 수 있습니다. 예를 들어 "오늘 날씨는 어때?"라는 구체적인 질문에 대해서는 해당 지역의 오늘 날씨에 대한 정보를 제공할 수 있습니다. 그러나 "날씨는 어때?"와 같이 모호하고 추상적인 질문에 대해서는 정확한 답변을 제공하기 어렵습니다. 따라서 챗GPT에게 질문을 할 때는 가능한 구체적이고 명확한 질문을 작성하여 정확하고 유용한 답변을 받을 수 있도록 해야 합니다.

챗GPT가 질문을 이해하기 위해서는 질문의 문맥도 중요합니다. 따라서 질문을 할 때, 필요한 정보를 제공하는 것이 중요합니다. 단, 불필요한 정보는 질문의 의도를 분명히 하지 못하게 할 수 있습니다. 따라서 질문에 필요한 정보만 포함시키는 것이 좋습니다.

일례를 들어보겠습니다. 한창 깻잎 논쟁에 대해 의견이 분분할 때가 있었습니다. 식사 중에 다른 여성의 깻잎을 떼어주는 행위가 친절의 행위인지 아니면 여자 친구에 대한 예의가 아닌 행동인지에 대해 의견이 많았었는데요. 챗GPT에게 물을 때는 어떤 방식으로 질문을 해야 할까요?

먼저 다음과 같이 질문을 해보았습니다.

 깻잎 논쟁에 대해 어떻게 생각해?

 깻잎 논쟁은 문화적인 차이로 인해 발생한 논쟁으로, 서로 다른 관점에서 바라보고 있기 때문에 논쟁이 생기는 것 같습니다.

한국에서는 깻잎이 중요한 재료로 취급되기 때문에 깻잎을 떼어 먹는 것이 일반적입니다. 그러나 외국에서는 개인 식습관이나 문화적인 차이로 인해 깻잎을 떼어 먹는 것이 이해되지 않을 수 있습니다.　━ 문화적 차이로 인식

또한, 문제는 깻잎을 떼어 먹는 것 자체가 아니라 그것이 어떤 상황에서 이루어지는지, 그리고 그것이 다른 사람들의 불쾌감을 일으키는지 여부입니다.

따라서, 서로 다른 문화를 존중하며 서로의 문화를 이해하는 노력이 필요합니다. 또한, 타인의 불쾌감을 고려하며 상황에 맞게 적절한 태도를 취하는 것이 중요합니다.

깻잎에 대한 식재료 사용 논쟁을 한국과 서양 문화를 기준으로 설명하고 있습니다. 질문자의 의도를 벗어난 답변을 얻었습니다. 좀 더 구체적으로 질문해 보겠습니다.

 여자친구 앞에서 다른 여성의 깻잎을 떼어주는 행위에 대해 어떻게 생각해?

 여자친구 앞에서 다른 여성의 깻잎을 떼어주는 행위는 매우 불쾌한 상황이라고 생각합니다. 이 행동은 다른 여성을 존중하지 않는 태도로 비춰질 수 있으며, 여자친구를 불쾌하게 만들 수 있습니다. ◀ 남녀 심리에 대한 인식

또한, 이러한 행동은 성적 수치심을 일으키거나 여성의 자율성을 침해하는 행동일 수도 있습니다. 따라서, 이러한 행동은 좋지 않으며, 대신 다른 사람들의 존중과 배려를 보여주는 태도가 필요합니다.

만약 이러한 상황에서 자신의 여자친구가 불쾌감을 느낀다면, 즉각적으로 상황을 종료하고 사과하는 것이 중요합니다. 또한, 다른 사람들의 존중과 배려를 보여주는 태도를 취하는 것이 좋습니다. 이러한 행동은 상대방을 존중하며, 건강한 대인관계를 유지하는 데 도움이 될 것입니다.

깻잎 논쟁의 의미를 구체적으로 정의해 주고 질문을 했더니 질문자가 원했던 의미로 답변을 받을 수 있었습니다. 챗GPT가 질문을 이해하기 위해서는 질문자의 문장의 맥락을 이해할 수 있도록 필요한 정보를 제공하는 것이 중요합니다. 깻잎 논쟁의 정의를 '여자친구 앞에서 다른 여성의 깻잎을 떼어주는 행위'로 정의함으로써 질문의 정보와 범위를 명확하게 구분하였기 때문입니다.

08

문맥에 맞는
키워드로 **추가**
질문을 하려면?

Image AI 作
올바른 문맥은 황새치도 춤추게 한다.

챗GPT는 하나의 질문에 모든 답변 보따리를 풀어놓지는 않습니다. 추가 질문을 하는 것은 정확한 답변을 얻기 위해 매우 중요한 요소입니다. 추가 질문을 통해 제공한 정보를 확실히 이해하고, 더 자세한 정보나 설명을 얻을 수 있기 때문입니다. 처음 질문에서 얻은 정보를 이용하여 다시 특정 키워드를 뽑아 구체적으로 추가 질문하는 방식을 사용해 보세요.

추가 질문을 할 때에는 챗GPT가 제공한 정보를 잘 이해하고, 더 자세한 정보나 설명을 얻기 위해 질문을 하는 것이 중요합니다. 따라서, 질문의 목적을 명확하게 이해하고, 그에 따른 추가 질문을 하도록 합니다.

 어니스트 해밍웨이에 대해 알려줘.

 어니스트 해밍웨이(Ernest Hemingway)는 미국의 작가로서 20세기 초반에 활동하였습니다. 그의 대표작은 『무기여 잘있거라』, 『누구의 땅』, 『노인과 바다』 등이 있으며, 그의 작품은 간결하고 단순한 문체, 생생한 묘사, 강렬한 감정 등으로 유명합니다.

해밍웨이는 1899년 일리노이주에서 태어나 유럽과 아프리카를 여행하며 다양한 경험을 쌓았습니다. 그의 문체는 그의 경험과 격렬한 감정을 간결하게 표현하는 특징이 있습니다. 해밍웨이는 1954년 노벨 문학상을 수상하였으며, 1961년 자살로 인해 생을 마감했습니다.

질문자의 헤밍웨이 질문 목적은 작가로서의 인생을 물어본 것일 수도 있지만, 그의 작품을 알기 위함일 수도 있습니다. 이런 경우 궁금한 추가 질문을 하여 구체적인 정보를 얻을 수 있습니다. 다음은 '대표 작품'을 추가 키워드로 질문하여 얻은 결과입니다.

 해밍웨이의 대표 작품을 구체적으로 알려줘.

 어니스트 해밍웨이(Ernest Hemingway)의 대표작으로는 다음과 같은 작품들이 있습니다.

1. 『무기여 잘있거라(A Farewell to Arms, 1929)』: 제1차 세계 대전 당시 이탈리아에서 일어난 사건을 배경으로, 사랑과 전쟁, 인간의 삶과 죽음을 다룬 작품입니다.

2. 『누구의 땅(For Whom the Bell Tolls, 1940)』: 스페인 내전을 배경으로, 스페인 공산당을 지원하며 자유 스페인군과 싸우는 로버트 조던의 이야기를 그린 작품입니다.

3. 『노인과 바다(The Old Man and the Sea, 1952)』: 노인 산티아고가 대서양으로 나가 물고기를 잡으러 가는 이야기를 다룬 작품으로, 해밍웨이의 마지막 소설이기도 합니다.

그 외에도 해밍웨이의 다른 작품으로는 『태양은 또다시 떠오르고』, 『파리는 항상 아름다워』, 『무용지물』, 『또 다시 행복을』, 『초록 언덕 위에 아침이 뜨다』 등이 있습니다. 해밍웨이의 작품은 간결하고 단순한 문체, 생생한 묘사, 강렬한 감정 등으로 유명합니다.

09

엄청난 자료,
요약해서
정리하려면?

Image AI 作
문서 압축기가 있으면 좋겠어!

직장생활에서 넘쳐나는 자료와 정보를 검토하려면 시간과 노력이 필요합니다. 챗GPT의 중요한 기능의 하나로, 문서 요약 기능을 제공합니다. 챗GPT는 입력된 문서를 이해하고 중요한 문장 및 단어를 추출하며, 추출된 정보를 기반으로 요약된 문장을 생성합니다. 또한, 챗GPT는 문맥을 고려하여 문서를 요약하기 때문에, 보다 정확하고 의미 있는 요약문을 생성할 수 있습니다. 챗GPT를 이용하여 내가 필요한 정보를 압축 요약하거나 필요한 만큼의 자료로 정리해 보세요.

글을 요약하기 위해서는 문장에서 가장 중요한 내용을 파악하고 간결하게 정리해야 합니다. 또한 불필요한 문구나 문장은 삭제하고, 필요한 경우 문장을 다시 구성하여 더 명확하고 간결하게 만들 수 있습니다.

다음의 글을 3개의 문장으로 정리해 달라고 요청을 하였습니다.

외국인들이 한국에 방문하면 놀라는 것 여러 문화적 차이 중 한가지가 한국은 검은색, 흰색, 은색, 회색과 같은 무채색 차량들 밖에 없다는 것이다. 그러나 실제로는 외국도 무채색 색상의 차량이 많다. AXALTA의 자료를 보면 전세계 기준으로 흰색, 검은색, 회색, 은색의 비율이 순서대로 조사되었다. 네 가지 무채색 비율은 70% 수준으로 3대 중 2대 정도는 무채색 차량이라는 뜻이다. 한국의 경우 흰색, 회색, 검은색), 은색으로 전체 차량의 70%가 무채색이다. 우리나라 사람들이 흰색을 선호하는 이유는 준중형차와 중형차 시장이 가장 크기 때문이다. 차량 구매 대상자의 대부분이 30~50대로, 평일엔 직장을 다니면서 휴일엔 가족과 함께 이동할 수 있는 실용적인 패밀리카를 선호한다. 이런 차량은 권위와 지위를 나타내는 검은색 또는 어두운 계열의 컬러보다 밝은색이 좋으며, 안전이나 차량 관리 면에서 유리한 흰색을 가장 선호한다.

글을 3개의 문장으로 나눠 구성해 줘.

1. 한국을 방문하는 외국인들 중에는 놀라는 것 중 하나가 한국의 도로에서 무채색 차량들만 보인다는 것이다. 그러나 실제로는 전 세계적으로 무채색 차량들이 많이 보급되어 있으며, 한국에서도 전체 차량 중 약 70%가 흰색, 회색, 검은색, 은색과 같은 무채색 차량이다.

2. 한국에서 흰색을 선호하는 이유는 준중형차와 중형차 시장이 가장 크기 때문이다. 차량 구매 대상자의 대부분이 30~50대로, 실용적인 패밀리카를 선호하며, 이는 권위와 지위를 나타내는 검은색 또는 어두운 계열의 컬러보다 밝은색이 좋다. 또한 안전이나 차량 관리 면에서도 유리한 흰색을 가장 선호한다.

3. AXALTA의 자료를 보면 전세계 기준으로 무채색 차량 비율은 70% 수준으로, 네 가지 무채색 비율이 순서대로 조사되었다. 따라서 전 세계적으로 무채색 차량들이 많이 보급되어 있으며, 한국에서도 이는 실용성을 중시하는 패밀리카를 선호하는 사람들의 선호도와 일치한다는 것을 알 수 있다.

글의 핵심은 현재 자동차 색상 중에서 무채색의 자동차 색상이 많이 보급되어 있다는 점, 이러한 현상은 자료를 통해서도 국내뿐 아니라 해외에서도 마찬가지라는 점, 실용적인 패밀리카의 선호로, 안전과 차량 관리면에서 선호하는 색상이라는 점입니다.

챗GPT가 3개의 문장으로 정리한 글을 보면 정리한 순서만 차이가 있을 뿐 핵심 요점을 잘 분류하였습니다.

이번에는 좀더 글을 요약하고, 부드럽게 표현하기 위해 경어체로 바꿔볼까요?

 요약해서 경어체로 바꿔줘.

 한국은 검은색, 흰색, 은색, 회색 차량들이 많아 외국인들에게 문화적인 차이로 느껴지지만, 전세계적으로 무채색 비율은 70%로 매우 높습니다. 흰색은 우리나라에서도 가장 선호되는 색상으로, 실용적인 패밀리카를 선호하는 30~50대 차량 구매 대상자들이 많기 때문에 권위나 지위를 나타내는 검은색보다는 밝은 색상을 선호합니다.

문장을 재구성하여 간략하게 요약되었으며, 경어체로 변환된 것을 확인할 수 있습니다. 프로젝트를 진행할 때 알아두어야 할 많은 양의 보고서나 참고 자료 등이 있다면 챗GPT를 이용하여 간결하게 자료를 정리하여 보고하거나 참고하여 업무에 활용할 수 있을 것입니다.

10

정확하게
영문 이메일을
쓰려면?

Image AI 作
어느 국가든 메일만큼은 확실하게!

챗GPT가 가장 잘하는 기능은 바로 영문 번역입니다. 업무상 영문 이메일을 보낼 경우 일반 번역기를 사용하는 방법보다 더 정확하게 영문으로 메일을 보낼 수 있습니다. 단지, 맞춤법이나 문법을 틀리게 작성한 문장은 챗GPT가 잘못 인식하여 전혀 다른 내용으로 번역할 수 있습니다. 특히, 업무상 영문 메일의 경우 내용을 입력할 경우 정확한 번역을 위해 한글로 작성한 다음 (맞춤법 검사 / 교정) 기능으로 수정한 다음 챗GPT로 번역합니다.

영문 업무 메일의 경우 한번 보낸 메일은 되돌릴 수 없습니다. 정확한 내용 전달을 위해 한글이나 워드 프로그램에 입력한 다음 오탈자를 검토하고 챗GPT로 번역하여 보내는 습관을 들여야 합니다.

01 | 한글을 실행한 다음 메일 내용을 입력하고 (도구) → (맞춤법)을 클릭합니다.

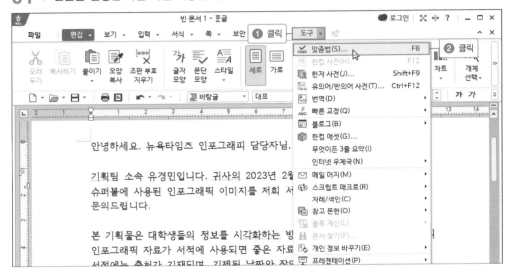

02 | 맞춤법 검사/교정 대화상자에서 검색된 단어를 (바꾸기) 버튼을 클릭하여 교정합니다.

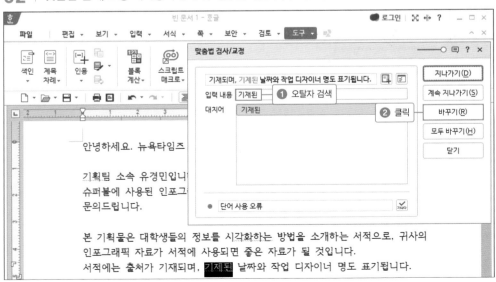

안녕하세요. 뉴욕타임즈 인포그래피 담당자님,

기획 팀 소속 유경민입니다. 귀사의 2023년 2월 5일자 신문 기사에서 사용된 인포그래픽 이미지를 저희 서적에 예시로 사용할 수 있을지 문의드립니다.

본 기획물은 대학생들의 정보를 시각화하는 방법을 소개하는 서적으로, 귀사의 인포그래픽 자료가 서적에 사용되면 좋은 자료가 될 것입니다.

서적에는 출처가 기재되며, 기재된 날짜와 작업 디자이너 명도 표기됩니다.

사용을 허락해주시면, 출간 후 해당 서적을 귀사로 1부 배송해 드릴 예정입니다.

영어로 번역해 줘.

 Hello, Dear the New York Times infographic editor.

This is Yoo Kyung-min from the planning team. I am writing to inquire whether we may use the infographic image that was used in your newspaper article on February 5th, 2023 as an example in our book.

Our project is a book that introduces methods for visualizing information for college students, and your infographic material would be a great resource for our book. The source will be cited in the book, and the date and designer's name will also be included.

If you permit us to use the material, we will send one copy of the published book to your company.

11

취업을 위한
자동 이력서를
작성하려면?

Image AI 作
같은 이력서를 들고 올 면접 구직자 확률은?

챗GPT는 취업 이력서를 작성하는 데 도움을 줄 수 있습니다. 이는 챗GPT가 자연어 처리 기술을 사용하여 다양한 취업 이력서를 분석하고, 그에 따라 적합한 이력서를 작성할 수 있기 때문입니다. 챗GPT는 대규모 데이터를 이용하여 학습되었기 때문에, 취업 이력서 작성에 필요한 여러 가지 정보와 패턴을 이해하고 있습니다. 따라서, 챗GPT를 이용하여 이력서를 작성하면, 채용 담당자가 원하는 정보를 포함하고, 적절한 표현과 문장 구조를 사용하여 작성될 수 있습니다. 따라서, 챗GPT는 취업 이력서 작성에 필요한 정보와 문장 구조를 제시하므로, 이를 적절히 활용하여 취업 이력서를 작성해 보세요.

이력서나 자기소개서를 작성할 경우에는 챗GPT에서 제공하는 핵심 경험 및 기술, 학위, 자격증, 경력, 프로젝트 및 기타 기술 관련 정보에 대한 키워드와 해당 항목이 직무에 어떻게 기여할 수 있는지 설명해야 합니다.

 영상 편집가로 취업하기 위한 이력서를 작성 방법을 알려줘.

 이력서는 각 회사나 채용 공고에 따라 조금씩 차이가 있을 수 있으나, 일반적으로 다음과 같은 내용을 포함하는 것이 좋습니다.

개 인 정 보 | 이름, 연락처(이메일, 전화번호), 거주지

학   력 | 대학교/대학원 이름, 전공, 입학년도, 졸업년도, 학위 수여 여부

경   력 | 경력이 있다면, 회사 이름, 근무 기간, 직책, 담당 업무, 성과 등을 간략하게 나열합니다.
경력이 없다면, 해당 분야와 관련된 프로젝트, 대외활동, 수상 등을 적습니다.

기술 및 역량 | 영상 편집 및 제작에 필요한 소프트웨어(예: Adobe Premiere, Final Cut Pro, After Effects 등) 사용 경험과 능력을 기술합니다.
카메라 조작, 조명 설정, 사진 촬영 등과 같은 다른 필수적인 기술이 있다면 함께 적어줍니다.
창의성, 문제해결능력, 커뮤니케이션 스킬 등과 같은 역량도 함께 언급합니다.

수상 및 인증 | 해당 분야에서의 수상 경력이나 자격증 등을 기술합니다.

기   타 | 영상 편집과 관련된 블로그나 유튜브 채널 등의 링크를 제공하면 좋습니다.
추가 정보나 질문이 있을 경우 연락처를 적어주는 것이 좋습니다.

예시:

[이름]

연락처: [이메일], [전화번호] | 거주지: [거주지]

학력 | [대학교/대학원 이름], [전공], [입학년도]년 입학, [졸업년도]년 졸업

경력 | [회사 이름], [근무 기간], [직책], [담당 업무 및 성과]

기술 및 역량 | Adobe Premiere, Final Cut Pro, After Effects 등의 영상 편집 소프트
웨어 사용 능력
다양한 촬영 환경에서의 카메라 조작과 조명 설정 능력
창의적인 아이디어와 높은 문제 해결력

  이력서 작성 방법을 알았다면 자기소개서 작성을 합니다. 원하는 직군의 자기소개서를 위해 최대한 간결하게 키워드를 정리하여 질문합니다. 다음의 예시는 '영상 편집가', '취업', '자기소개서' 키워드로 작성을 요청하였습니다.

 영상 편집가로 취업을 위한 자기소개서를 작성해 줘.

 안녕하세요, 저는 영상 편집 분야에서 전문적인 경력을 가지고 있는 영상 편집가입니다. 저는 영상을 통해 강력한 메시지를 전달하고, 시청자들이 감동하고 놀라움을 느끼도록 하기 위해 끊임없이 노력하고 있습니다.

제가 편집한 영상은 광고, 음악 비디오, 다큐멘터리, 영화 등 다양한 산업 분야에서 사용되었습니다. 제가 편집한 작품 중 일부는 미디어 축제에서 상을 수상했으며, 여러 사람들에게 인정받고 있습니다. ◀ 수상 경력 사항 제시

저는 새로운 도전과 성장을 추구하고 있으며, 새로운 아이디어를 생각하고 구현하는 것을 좋아합니다. 제가 제작한 영상들은 강력한 메시지를 전달하면서도, 시청자들이 감동하고 놀라움을 느끼도록 하기 위해 끊임없이 노력하고 있습니다.

제가 보유한 기술은 Adobe Premiere, After Effects, Photoshop 등의 프로그램을 이용한 전문적인 편집 지식과 뛰어난 색 보정 기술, 음향 효과 적용 기술 등이 있습니다. 또한, 영상 촬영과 조명 설정에 대한 기술적 지식도 보유하고 있습니다. ◀ 보유 기술 제시

저는 항상 새로운 것을 배우고, 다른 사람들과 협력하여 최상의 결과를 만들기 위해 노력합니다. 그리고, 업계 동향을 지속적으로 파악하며, 편집 기술의 최신 트렌드에 대해 관심을 가지고 있습니다.

제가 영상 편집 분야에서 경험을 쌓으며 얻은 것은, 문제 해결 능력, 적극성, 열정, 창의력 등입니다. 이러한 능력을 바탕으로 더 나은 작업을 만들어 내기 위해 끊임없이 노력할 것입니다.

감사합니다.

12

업무에 필요한
영어 회화를
학습하려면?

Image AI 作
휴대용 챗GPT 번역기가 필요해!

챗GPT를 이용하여 영어 회화를 학습할 수 있습니다. 챗GPT 모델에게 영어 대화 주제를 입력하면 입력된 주제와 관련된 다양한 문장을 생성합니다. 생성된 문장을 기반으로 직접 영어 대화를 시도하고 챗GPT 모델이 제시하는 문장 구조와 표현을 따라 학습합니다.

챗GPT는 영어 회화에 자주 사용되는 어휘와 표현을 이해하고 있기 때문에 실제 대화에서 자연스러운 대화법을 폭넓게 표현을 사용할 수 있습니다. 예를 들어, 업무 상황에 맞는 영어 회화를 공부하기 위해 챗GPT를 사용할 경우에는 필요한 상황을 폭넓게 질문하고, 세분화된 답변에서 점점 구체적인 회화 상황을 선택하여 질문합니다. 챗GPT를 이용한 공부 학습 방법은 마치 꼬리에 꼬리는 무는 방식으로, 대주제의 카테고리를 질문하고, 카테고리에서 다시 구체적인 상황을 선택하여 질문하는 방식으로 학습하는 것이 편리합니다.

먼저 회사 업무에서 주로 사용되는 영어 회화를 알기 위해 크게 10가지 카테고리를 물어보았습니다.

 회사 업무에 가장 많이 사용되는 영어 회화 10가지 알려줘.

 1. 인사말 및 간단한 대화

2. 회의 참여 및 의견 표현

3. 이메일 작성 및 응답

4. 전화 상담 및 메시지 전달

5. 프로젝트 진행 상황 보고

6. 비즈니스 미팅 및 협상

7. 제품/서비스 소개 및 판매

8. 고객 대응 및 불만 처리

9. 문제 해결 및 결정 내리기

10. 업무 계획 수립 및 조정

10개의 카테고리의 챗GPT 답변에서 '고객 대응 및 불만 처리' 영어 회화를 학습하기 위해 다시 '영어 회화 예시'라는 키워드를 넣어 다시 질문합니다. 구체적인 필수 영어 회화 사례의 답변을 확인할 수 있습니다.

 고객 대응 및 불만 처리에 관한 영어회화 예시 알려줘.

 고객 대응 및 불만 처리를 위한 영어회화 예시는 다음과 같습니다:

1. 고객 문의에 대한 응대

Good morning/afternoon/evening. Thank you for calling (회사 이름). How can I assist you?

Hi, this is (Your Name) speaking. How may I help you?

Thank you for your email. I understand your concern and will do my best to assist you.

I'm sorry to hear that you've had a negative experience. Let's see how we can resolve this issue.

2. 문제 파악 및 확인

Can you please provide me with more details about the issue?

Let me make sure I understand the problem. Can you describe it in more detail?

I see. Let me check our system to see if I can find a solution for you.

I'm sorry, but I need more information to help you with this. Can you provide me with your account number or order number?

3. 문제 해결 방법 제안

I think I know what the problem is. Let me guide you through the steps to resolve it.

I can offer you a refund or a replacement for the product.

We can schedule a technician to come out and fix the issue for you.

I can connect you with a supervisor who can assist you further.

4. 고객 만족도 확인 및 조치

Are you satisfied with the solution we've provided?

Is there anything else I can do to assist you?

I'm glad we were able to resolve the issue for you. Do you have any other questions?

We value your feedback and will take steps to ensure that this issue does not happen again in the future.

13

외국어를
번역기로
사용하려면?

Image AI 作
커뮤니케이션의 시작

챗GPT는 기본적으로 언어 생성 모델로 개발되었기 때문에 번역에 사용되는 전통적인 번역기인 구글 번역기, 네이버 파파고 등 다양한 온라인 번역기와는 목적과 구조가 다릅니다.

챗GPT는 대규모 데이터를 학습하여 다양한 언어의 문법, 어휘, 문장 구조 등을 번역합니다. 따라서, 다양한 언어의 번역을 수행하는 데에도 높은 정확도를 보입니다. 문맥을 파악하는 기술을 사용하여, 문장 전체를 고려한 번역을 수행합니다. 이는 단어 단위의 번역이 아닌, 문장 전체를 이해하여 자연스러운 번역을 제공할 수 있도록 도와줍니다.

실시간 학습 기술을 사용하여, 모델이 사용자의 입력에 대한 번역 결과를 실시간으로 수정하고 개선할 수 있습니다. 이를 통해, 사용자는 더 나은 번역 결과를 받을 수 있습니다. 따라서 챗GPT는 번역기로 사용되기보다는 문장 생성 및 자연어 이해, 요약 등에 더 적합합니다.

챗GPT를 활용하여 번역도 가능합니다. 예를 들어, 입력한 문장을 번역하고자 하는 언어로 번역 후 번역된 결과를 챗GPT에 입력하여 문장의 자연스러운 흐름과 문법을 확인할 수 있습니다. 이 방법은 번역의 정확도를 보장하지는 않지만 챗GPT를 활용하여 번역을 개선하고 보완할 수 있는 방법 중 하나입니다.

다음의 글은 저자가 집필하여 출간된 서적의 문장입니다. 이 문장을 챗GPT와 구글 번역기로 번역하여 저자가 의도한 의미와 비교해 보았습니다.

 As the latest version is upgraded, more sophisticated features that can execute tasks according to the user's intention are being added through AI technology. Even functions that are difficult to perform manually can be easily processed. The most prominent feature in the latest version is undoubtedly the selection function, which provides a pre—selected area for the user to choose from the moment an image is loaded.

Another feature is the ability to automatically recognize a person's face and modify their expression to the desired style. Without the hassle of taking pictures again because you don't like the photo, you can transform it into a pleasing photo by naturally smiling or modifying your eyes, nose, and mouth.

챗GPT

 최신 버전이 업그레이드되면서 사용자의 의도에 따라 작업을 더욱 정교한 기능들이 AI 기술을 통해 추가되고 있습니다. 수동으로 처리하기 어려운 기능들도 쉽게 처리할 수 있습니다. ❶ 최신 버전에서 가장 돋보이는 기능은 이미지가 로드될 때 사용자가 선택할 수 있는 미리 선택된 영역을 제공하는 선택 기능입니다.

❷ 다른 기능으로는 얼굴을 자동으로 인식하고 원하는 스타일로 표정을 수정할 수 있는 기능입니다. 사진이 마음에 들지 않아 다시 찍어야 하는 불편함 없이 자연스러운 웃음이나 눈, 코, 입을 수정하여 ❸ 마음에 드는 사진으로 변환할 수 있습니다.

구글 번역기

 최신 버전이 업그레이드되면서 AI 기술을 통해 사용자의 의도에 따라 작업을 실행할 수 있는 보다 정교한 기능이 추가되고 있다. 수동으로 수행하기 어려운 기능도 쉽게 처리할 수 있습니다. ❶ 최신 버전에서 가장 눈에 띄는 기능은 이미지가 로드되는 순간부터 사용자가 선택할 수 있도록 미리 선택된 영역을 제공하는 선택 기능입니다.

❷ 다른 기능은 사람의 얼굴을 자동으로 인식하고 원하는 스타일로 표정을 수정하는 기능입니다. 사진이 마음에 들지 않아 다시 사진을 찍어야 하는 번거로움 없이 자연스럽게 웃거나 눈, 코, 입을 수정하여 ❸ 기분 좋은 사진으로 변신할 수 있습니다.

'most prominent feature'는 원본에서 저자의 의도는 '가장 큰 장점인 기능'을 의미하므로, 챗GPT의 '가장 돋보이는 기능'이 구글 번역기의 '가장 눈에 띄는 기능'보다 자연스럽습니다.

또한, 챗GPT에서는 'pleasing photo'를 '만족스러운 사진' 또는 '매력적인 사진'으로 번역된 반면 구글 번역기에서는 '기분 좋은 사진'으로 번역되었습니다. 문맥상으로는 '만족스러운 사진'이 더 어울리는 번역입니다.

14

업무상
설문지를
작성하려면?

Image AI 作
고객의 마음을 읽는 설문지를 만들어줘

챗GPT는 다량의 설문 데이터 패턴을 학습하여 문항 생성 능력을 갖추고 있어서 입력된 주제와 관련된 다양한 질문 문항을 생성할 수 있습니다. 생성된 문항을 자동으로 분류할 수 있습니다. 예를 들어, 주관식, 객관식, 복수응답 등의 문항 유형을 자동으로 분류하고, 해당 유형에 맞게 문항을 작성할 수 있습니다. 또한, 생성된 문항을 자동으로 정렬하여 최적의 문항 순서를 결정할 수 있습니다. 이를 통해, 설문지의 논리적인 구성을 유지하면서 응답자들의 편의성을 높일 수 있습니다.

설문지에서는 사용할 질문 유형을 나눠 구성해야 합니다. 예를 들어, 객관식, 주관식, 척도형, 참여형, 열린 질문 등의 질문 유형이며, 질문이 너무 길거나 복잡하면 참여자들이 혼란스러워 할 수 있습니다. 또한 질문의 순서를 고려하여 설문지를 구성해야 하며, 설문지가 깔끔하고 직관적인 레이아웃과 디자인을 갖추어야 합니다.

챗GPT가 작성한 다음의 설문지 구성의 예를 보면 객관식과 주관식, 간결한 질문 유형으로 화장품 사용 만족도를 주제로 초안을 작성한 것을 볼 수 있습니다. 이 상태에서 자사 화장품의 특성에 맞는 추가 설문이나 사용 기간에 따른 설문을 구분하여 설문지를 완성할 수 있을 것입니다.

 화장품 사용 만족도 설문지를 작성해 줘.

 화장품 사용에 대한 만족도 설문지는 다음과 같이 작성될 수 있습니다.

1. 어떤 종류의 화장품을 사용하고 계십니까?(여러 개 선택 가능) ◀— 설문지 문항 제시

스킨케어

메이크업

바디케어

헤어케어

기타: _____

2. 현재 사용하고 있는 화장품 브랜드는 어떤 것이 있으신가요?

3. 화장품의 효과에 대해 어느 정도 만족하시나요?

매우 만족함

다소 만족함

보통임

다소 불만족함

매우 불만족함

4. 화장품의 가격에 대해 어느 정도 만족하시나요?

매우 만족함

다소 만족함

보통임

다소 불만족함

매우 불만족함

5. 화장품의 사용감(향, 질감, 흡수성 등)에 대해 어느 정도 만족하시나요?

매우 만족함

다소 만족함

보통임

다소 불만족함

매우 불만족함

6. 화장품의 포장 및 디자인에 대해 어느 정도 만족하시나요?

매우 만족함

다소 만족함

보통임

다소 불만족함

매우 불만족함

7. 화장품 사용에 관한 의견이나 개선사항이 있다면 자유롭게 작성해주세요.

8. 나이와 성별을 알려주세요.

성별: 남성 / 여성 / 성별 기입 거부

나이: _____

15

프로그램
매뉴얼을
작성하려면?

Image AI 作
매뉴얼 기능은 챗GPT 영역!

챗GPT는 프로그램 매뉴얼에 대한 정보를 학습 데이터로 사용하여 이에 대한 지식을 보유하고 있습니다. 또한 챗GPT는 수많은 문서와 자료를 학습하고 처리함으로써 다양한 주제에 대한 정보를 습득하고 이를 활용할 수 있습니다. 따라서 챗GPT는 프로그램 매뉴얼을 포함한 다양한 분야에 대한 지식을 보유하고 있어 이에 대한 질문에도 답변할 수 있습니다.

웹앱 프로그램이나 구독 프로그램일 경우 수시로 신기능을 업그레이드하고 있어서, 새로운 매뉴얼 학습은 이제 챗GPT를 활용해 보세요.

이미지 보정 프로그램인 포토샵도 어도비(Adobe) 사에서 개발한 인공지능 기술인 어도비 센세이(Adobe Sensei)를 사용합니다. 이 기술을 이용하여 자동으로 색상 보정하거나 자연스러운 합성이 가능합니다. 이제 수동으로 그래픽 작업을 하는 것보다 자동 기능으로 작업하는 것이 더 시간과 노력을 줄이고 있습니다.

여러분이 잘 아시는 포토샵 프로그램에서 자동으로 색상을 보정해 주는 Auto Color 기능에 대해 대해 질문해 보겠습니다.

 포토샵의 Auto Color 기능에 대해 알려줘.

 Auto Color 기능은 Adobe Photoshop에서 이미지를 자동으로 보정하는 기능 중 하나입니다. 이 기능은 이미지의 색상, 밝기 및 대비를 자동으로 조정하여 더 나은 이미지를 만듭니다.

Auto Color 기능을 사용하려면 다음 단계를 따르면 됩니다:

1. 이미지를 엽니다.

2. 이미지 메뉴에서 Adjustments(보정)을 선택하고, Auto Color(자동 색상)을 클릭합니다.

3. Photoshop은 이미지를 분석하고, 자동으로 색상, 밝기 및 대비를 조정합니다.

4. 결과를 확인하고, 필요에 따라 조정합니다.

Auto Color 기능은 이미지 보정을 간단하게 하며, 적용 후에도 필요에 따라 추가 보정을 할 수 있습니다. 이 기능은 일반적으로 이미지에 적용되는 색조 오차를 보정하는 데 유용하며, 이미지의 일관성을 유지하는 데 도움이 됩니다. 그러나 모든 이미지에 대해 완벽한 결과를 보장하지는 않으므로, 일부 이미지에서는 수동으로 보정하는 것이 더 나을 수도 있습니다.

꽤 정확하게 기능을 설명을 하고 있으며, 작업 방법까지 순서대로 나열하여 소개하고 있습니다. 뿐만아니라, 실제로 Auto Color 기능 시 원본 이미지에 따라 적용이 잘 안되는 경우도 발생하는데, 이러한 부분까지 짚어주고 있습니다.

16

바스키아처럼
그림을
그리고 싶다면?

Image AI 作
원하는 그림풍만 얘기해!

챗GPT는 자연어 처리를 기반으로 한 인공지능 언어 모델이기 때문에, 직접적으로 그림을 그리는 기능은 제공하지 않습니다. 따라서 챗GPT를 이용하여 그림을 그리려면, 챗GPT가 생성한 문장이나 단어를 참고하여 직접 그림을 그리거나 챗GPT가 생성한 텍스트를 AI 그림 그리기 프로그램 등에 입력하여 자동으로 그림을 생성하는 등의 방법을 사용해야 합니다.

챗GPT를 이용하여 직접적으로 그림을 그리거나 시각적인 요소를 만들 수는 없지만, 이미지 생성 AI 프로그램과의 협업으로 그림을 그릴 수 있습니다. 챗GPT를 사용하여 그림에 대한 상세한 묘사를 작성합니다. 예를 들어, '고호 그림 스타일의 고기잡이 배가 있는 바다의 일몰 풍경'이라고 문장을 작성합니다. 이미지 생성 AI 프로그램은 한글을 인식할 수 있는 프로그램도 있지만, 영문을 더 정확하게 인식하므로, 챗GPT로 영문으로 번역합니다.

이미지 생성 AI 프로그램에 해당 문장을 입력하면 텍스트 설명을 기반으로 그림을 생성합니다. 생성된 이미지를 확인하고 필요한 경우 수정을 요청하면서 원하는 이미지로 완성합니다.

챗GPT를 이용하여 그림의 콘셉트나 화풍 등 그림을 잘 그리는 방법을 구체적으로 소개합니다. 요즘 예능프로에서 인기를 얻고 있는 바스키아 스타일의 그림 그리는 노하우를 알아봅니다.

 바스키아 스타일로 그림을 잘 그리는 방법을 알려줘.

 바스키아 스타일(Baskia Style)은 캐주얼한 그림체와 밝은 컬러톤, 귀여운 표현 등으로 유명한 일러스트레이터 '바스키아'가 만든 스타일입니다. 이 스타일을 따라 그림을 잘 그리는 방법에 대해 소개해드리겠습니다.

1. 기본형 그리기
   바스키아 풍은 기본적으로 원형이나 타원형의 도형으로 시작합니다. 캐릭터의 얼굴부터 시작해서 몸통, 다리 등을 그리면서 기본형을 만들어 나갑니다.

2. 귀여운 라인 그리기
   바스키아 풍에서는 귀여운 라인이 중요한 역할을 합니다. 선을 더 부드럽고 둥글게 그리면서, 얼굴에는 작은 눈과 입, 몸통에는 귀여운 팔 다리를 그려나갑니다.

3. 간단한 패턴과 색상
   바스키아 풍에서는 간단한 패턴과 밝은 색상을 사용합니다. 캐릭터의 옷이나 머리띠 등에 귀여운 패턴을 넣거나, 밝은 컬러톤으로 그려나갑니다.

4. 캐릭터 간의 크기 비교

바스키아 풍에서는 캐릭터 간의 크기 비교가 중요합니다. 크기가 작은 캐릭터는 더 귀엽게 그려주고, 크기가 큰 캐릭터는 더 강조해서 그려줍니다.

5. 그림 전체에 통일감을 주기

바스키아 풍으로 그린 그림은 전체적으로 통일감이 있어야 합니다. 색상이나 패턴 등을 일정하게 유지하면서 그려나가면 됩니다.

바스키아 스타일로 그림을 잘 그리기 위해서는 귀여운 감각과 따뜻한 마음이 필요합니다. 또한, 반복적으로 연습하면서 스타일을 익히는 것이 중요합니다. 참고할 만한 바스키아 작품을 찾아보고, 그리는 연습을 많이 해보세요!

바스키아 스타일의 그림을 위한 콘셉트와 그림 방식을 알았다면 실제로 그려보기 위해 스타일에 적합한 준비물을 알아보고, 그림 연습을 합니다.

 바스키아 풍 그림을 그리기 위한 미술 재료를 알려줘.

 바스키아 스타일의 그림을 그리기 위한 미술 재료는 다양하지만, 다음과 같은 것들을 활용할 수 있습니다.

1. **유화물감**: 바스키아 스타일의 그림은 까칠하면서도 선명한 색감이 특징입니다. 이를 표현하기 위해 선명하고 진한 색감을 가진 유화물감을 사용할 수 있습니다.

2. **붓**: 바스키아 스타일의 그림은 특유의 힘찬 선으로 특징이 있습니다. 이를 표현하기 위해 붓의 끝이 뾰족한 것을 사용하여 선을 그릴 수 있습니다.

3. **종이**: 바스키아 스타일의 그림은 크게는 어떤 종류의 종이에도 그릴 수 있습니다. 하지만, 보다 화려하고 독특한 효과를 내기 위해 광택이 있는 종이나, 그림을 그릴 때 효과를 더해 줄 수 있는 귀여운 그림이 있는 종이를 사용할 수도 있습니다.

4. **색연필**: 바스키아 스타일의 그림은 독특한 색감과 패턴이 특징입니다. 이를 표현하기 위해 색연필을 활용하여 그림에 색을 입힐 수 있습니다.

5. **스텐실**: 바스키아 스타일의 그림은 독특한 패턴이 특징입니다. 이를 그릴 때 스텐실을 사용하여 패턴을 만들 수 있습니다.

바스키아 스타일로 그리기 위해서는 먼저 그림의 특징을 파악하고, 적합한 미술 재료를 선택하여 그리는 연습이 필요합니다.

17

테마별 여행 **계획**을 세우려면?

Image AI 作
챗GPT의 또다른 직업, 여행가이드!

챗GPT를 이용하여 여행 계획표를 세울 경우 사용자보다 정보 검색 능력이 뛰어나기 때문에 여행지 정보, 관광 명소, 음식, 숙소 등의 정보를 찾는 데 도움이 됩니다. 또한, 여행자의 취향과 선호도를 고려하여 개인화된 여행 계획을 작성할 수 있습니다. 예를 들어, 활동적인 여행을 선호하는 사람들을 위한 여행 계획이나, 문화와 역사, 맛집에 관심이 많은 사람들을 위한 여행 계획 등도 제안할 수 있습니다. 뿐만 아니라, 여행 예산에 맞추어 여행 계획을 조정할 수 있습니다. 저렴한 숙박 시설이나 합리적인 식당 등을 찾아 추천할 수 있고, 여행 계획이 변경되거나 취소된 경우, 챗GPT는 쉽게 계획을 수정하고 새로운 여행 계획을 세울 수 있는 장점이 있습니다.

다음의 예제에서는 일본 여행 계획서를 세우되, '맛집 투어' 키워드를 넣어 여행 목적을 제시하였습니다.

3일 동안의 일본 여행 계획서를 맛집 투어 위주로 작성해 줘.

 일본 3일 동안의 여행 계획서를 맛집 투어 위주로 작성해드리겠습니다. 다음은 일본에서 맛집 투어를 즐길 수 있는 명소와 액티비티를 포함한 여행 일정입니다.

일정:

Day 1: ◀ 날짜 구분

  아침: 도쿄 신주쿠역에서 출발하여 츠쿠지 시장 도착

  오전: 츠쿠지 시장에서의 맛집 투어(지역에서 유명한 일식, 초밥, 생선 구이 등을 즐길 수 있는 맛집 탐방)

  점심: 츠쿠지 시장에서 식사

  오후: 시부야 쇼핑 지구에서 쇼핑 및 스트릿 푸드 즐기기

  저녁: 시부야에서 유명한 일본 요리를 맛볼 수 있는 식당에서 식사

Day 2: ◀ 날짜 구분

  아침: 오사카 역에서 출발하여 도톤보리 지역 도착

  오전: 도톤보리 지역의 맛집 투어(오사카에서 유명한 꼬치 구이, 튀김, 오꼬노미야끼 등을 즐길 수 있는 맛집 탐방)

  점심: 도톤보리 지역에서 식사

  오후: 오사카 성, 유니버설 스튜디오 등의 관광지 방문

  저녁: 오사카에서 유명한 일본 요리를 맛볼 수 있는 식당에서 식사

Day 3: ◀ 날짜 구분

  아침: 후지산에서 출발하여 가와구치코 지역 도착

  오전: 가와구치코 지역의 맛집 투어(가와구치코 지역에서 유명한 일식, 라멘 등을 즐길 수 있는 맛집 탐방)

  점심: 가와구치코 지역에서 식사

  오후: 가와구치코에서 후지산 투어(해발 3,776m의 일본 최고봉인 후지산을 감상할 수 있는 지점인 오시노하코, 후지산 로프웨이 탑승 등)

  저녁: 국제거리나 도쿄 근처의 맛집에서 식사

맛집 여행의 초안이 작성되었다면 구체적으로 해당 일정의 여행 지역에서 맛집 정보를 다시 질문하여 구체적으로 정보를 얻습니다.

 츠쿠지 시장에서 유명한 맛집을 알려줘.

 츠쿠지 시장은 일본에서 가장 유명한 시장 중 하나이며, 다양한 음식점과 가게가 모여 있습니다. 이곳에서 유명한 맛집 중 일부를 알려드리면 다음과 같습니다.

맛집 구분 ──

1. 대와끼: 츠쿠지 시장에서 유명한 라멘집으로 육수의 깊은 맛과 탄력 있는 면발이 인기입니다.

2. 우나기마츠: 츠쿠지 시장에서 가장 유명한 회전초밥집 중 하나입니다. 신선한 생선과 다양한 종류의 초밥을 즐길 수 있습니다.

3. 오에시: 츠쿠지 시장에서 유명한 꼬치구이집입니다. 신선한 고기와 채소를 꼬치에 꽂아 구워낸 음식은 촉촉하고 맛있습니다.

4. 마루하라: 츠쿠지 시장에서 유명한 돈부리집입니다. 일본에서 유명한 돈카츠를 비롯한 다양한 돈부리 요리를 즐길 수 있습니다.

5. 사이토우: 츠쿠지 시장에서 유명한 소바집입니다. 직접 만든 면발과 깊은 면국이 인기입니다.

6. 오허마끼: 츠쿠지 시장에서 유명한 카츠오부시입니다. 육수와 녹말로 만든 밥에 가츠오부시와 야채를 올린 음식으로, 일본에서 매우 인기 있는 음식 중 하나입니다.

위의 맛집들은 츠쿠지 시장에서 인기있는 맛집 중 일부이며, 맛있는 음식을 즐기기 위해서는 예약이 필요한 경우가 있으므로 방문 전에 확인하는 것이 좋습니다.

18

주관식과 객관식
수학 문제를
풀려면?

Image AI 作
수포자도 풀어내는 수학, 과제가 필요할까?

챗GPT는 인터넷을 포함한 방대한 양의 데이터로부터 학습이 되었기 때문에 수학 문제, 공식, 해결 방법 등 수학 관련 정보가 포함되어 있습니다. 복잡한 패턴 인식 알고리즘을 사용하여 수학 문제를 해석하고 적절한 공식을 찾아 해결합니다. 이를 통해 다양한 유형의 수학 문제를 풀 수 있습니다. 또한, 챗GPT는 주어진 문제의 문맥과 관련된 수학적 용어와 개념, 이론 등을 이해하고, 이러한 정보를 활용하여 문제를 분석하고 해결하는 데 필요한 계산과 수식을 생성합니다. 그리고 이러한 계산 결과를 자연어로 표현하여 사용자에게 전달합니다.

챗GPT는 이전에 학습한 수학 문제와 그에 대한 해답, 학습자의 피드백 등을 바탕으로 지속적으로 학습하여, 더욱 정확하고 유용한 답변을 제공할 수 있게 됩니다.

주관식 문제

 $f(g(x))$에서 $g(x) = x + 2$일 때, $f(g(4))$의 값은?

 함수 $f(x) = 2x - 1$이 주어졌고, 함수 $g(x) = x + 2$이 주어졌습니다. 이때, $f(g(4))$의 값을 구하는 과정은 다음과 같습니다.

먼저, $g(4)$를 구합니다. $g(x) = x + 2$이므로, $g(4) = 4 + 2 = 6$입니다.

다음으로, $f(g(4))$를 구합니다. $g(4)$는 위에서 구한 것과 같이 6이므로, $f(g(4))$는 $f(6)$과 같습니다. 함수 $f(x)$에 $x = 6$을 대입하여 계산하면, 다음과 같이 계산할 수 있습니다.

$f(6) = 2 \times 6 - 1 = 11$

따라서, $f(g(4))$의 값은 11입니다.

객관식 문제

 함수 $f(x) = 2x^2 - 3x + 1$이 주어졌을 때, 다음 중 참인 것은 무엇인가요?
a. $x = 1$일 때, $f(x)$의 값은 0입니다.
b. 함수 $f(x)$의 최솟값은 $x = 3/4$일 때입니다.
c. 함수 $f(x)$는 $x = 1/2$를 근으로 갖습니다.
d. 함수 $f(x)$는 홀수차항만 가지고 있습니다.

 위 문제에서는 주어진 함수의 성질을 파악하고, 각 문항이 참인지 거짓인지를 판단해야 합니다. 이 문제를 풀기 위해서는 함수의 극값이나 근, 짝수/홀수차항과 같은 개념을 이해해야 합니다. 문제의 정답은 b입니다. 이유는 다음과 같습니다.

a. $x = 1$일 때, $f(x)$의 값은 $f(1) = 2(1)^2 - 3(1) + 1 = 0$입니다. 따라서 문장이 맞습니다.

b. 함수 $f(x)$의 최솟값을 구하기 위해 먼저 $f(x)$를 완전 제곱식의 형태로 변형합니다. $f(x) = 2x^2 - 3x + 1 = 2(x^2 - (3/2)x) + 1 = 2(x^2 - (3/2)x + 9/16) - 9/16 + 1 = 2(x - 3/4)^2 + 1/8$. 이때, $(x - 3/4)^2$는 항상 0보다 크거나 같으므로, $f(x)$는 $x = 3/4$일 때 최솟값을 가집니다. 따라서 문장이 맞습니다.

c. 함수 $f(x) = 2x^2 - 3x + 1$의 근을 구하기 위해 근의 공식을 사용하면 $x = (3 \pm \sqrt{5})/4$가 나오게 됩니다. 이때, 1/2와 일치하는 근은 존재하지 않으므로 문장이 틀립니다.

d. 함수 $f(x) = 2x^2 - 3x + 1$은 x에 대해 짝수차항($2x^2$)과 홀수차항($-3x + 1$)이 모두 포함되어 있으므로 문장이 틀립니다.

따라서 b번 문장만 참이고, 나머지 문장은 모두 거짓입니다.

주관식부터 객관식까지 정확하게 문제를 풀었으며, 문제의 해설까지 쉽게 이해할 수 있도록 설명하고 있습니다. 챗GPT는 수학 문제를 포함한 다양한 분야의 문제를 해결하는 것에 능숙합니다. 하지만, 챗봇이나 인공지능 모델이라는 한계가 있기 때문에 모든 수학 문제를 해결할 수 있는 것은 아닙니다. 또한, 챗GPT가 답변하는 수학 문제는 인공지능 모델이 이해할 수 있는 수준의 문제이어야 합니다. 그러므로, 더 복잡하거나 전문적인 수학 문제의 경우 전문가나 교육자에게 문의하는 것이 더 나을 수 있습니다.

19

원하는 주제의
웹소설을
작성하려면?

Image AI 作
챗GPT는 판타지 소설을 좋아한다고?

챗GPT는 인터넷을 포함한 방대한 양의 텍스트 데이터로부터 학습하며, 이 데이터에는 다양한 장르와 스타일의 소설, 이야기, 문학 작품 등도 포함되어 있습니다. 이러한 데이터를 인간의 언어로 처리하는 기술로 인해 문장 구조와 문법, 어휘, 화법 등 언어적 요소를 이해하고 소설을 생성할 수 있습니다. 소설을 생성할 때 문학적 패턴, 스타일, 테마, 플롯 등을 인식하여 이를 통해 소설 작성 시 일관성 있는 구조와 스타일을 유지하면서 글을 작성하게 됩니다.

대규모 데이터에서 학습한 패턴과 정보를 바탕으로 새로운 아이디어와 내용을 생성할 수 있기 때문에 독창적인 소설을 작성할 수 있습니다. 물론, 사용자의 요구와 선호도에 따라 소설의 장르, 스타일, 캐릭터, 배경 등을 조절하여 이를 통해 개인화된 창의적인 소설 작성이 가능합니다.

웹소설은 일반적으로 대중적인 장르인 판타지, 로맨스, 무협 등의 장르가 많습니다. 이야기 장소와 주제, 갈등 요소, 장면 구성, 자료 검색 등 챗GPT로 도움을 받을 수 있습니다.

화성에서 혼자 살아가는 웹소설을 쓴다고 가정해 봅시다. 막연하게 어디서부터 시작할까요? 스토리가 시작되는 공간의 특성이나 정보를 얻는다면 좀 더 글의 시작이 쉬워집니다.

 화성에서 살 수 있는 팁을 줘.

 화성은 인간이 살기에는 극도로 건조하고 냉한 환경이기 때문에 생존하기 위해서는 다음과 같은 팁들이 필요합니다:

1. **적극적인 체온 조절**: 화성은 지구보다 극도로 냉한 환경이기 때문에 체온 조절이 중요합니다. 따라서 몸을 따뜻하게 유지하기 위해 옷을 굳게 입고, 체온을 유지하는 운동을 해야합니다.

2. **적극적인 수분 보충**: 화성은 건조한 환경이기 때문에 충분한 수분 보충이 필요합니다. 수분 보충을 위해 많은 물을 마시고, 건조한 환경을 예방하기 위해 습도를 높이기 위한 방법을 고려해야 합니다.

3. **식량 보충**: 화성에서는 작물을 키우는 것이 어렵기 때문에 식량 보충을 위해 대량의 식량을 가져가거나, 비상식량과 같은 대안적인 식량을 준비해야 합니다.

4. **건강 관리**: 화성은 지구와는 다른 환경이기 때문에 건강 관리가 중요합니다. 체력을 유지하기 위해 꾸준한 운동, 충분한 수면, 그리고 정기적인 건강 검진 등을 실시해야합니다.

5. **안전한 생활환경 구축**: 화성은 인간이 살기에는 위험한 환경이기 때문에 안전한 생활환경 구축이 필요합니다. 화재와 같은 위험 요소를 예방하고, 대비책을 마련하는 것이 중요합니다.

그럼, 챗GPT가 작성한 같은 주제를 샘플로 한번 볼까요?

 화성에서 혼자 살아가는 인간의 이야기를 웹소설로 구성해 줘.

 〔화성에서의 외로움〕

1부 – 새로운 시작

2030년, 화성에 인류 최초의 정착민으로 착륙한 유진. 하지만 그녀는 태양계의 가장 외딴 곳에서 혼자서 살아가야 하는 불운에 시달렸다.

일 년째, 두려움과 외로움이 그녀를 괴롭혔다. 하지만 그녀는 결국 그녀의 운명을 받아들이고, 그녀 자신을 위해 이 새로운 세계에서 자신의 삶을 살아가기로 결심한다. 그리고 그녀는 단 하나의 목표를 가지고 화성에서의 삶을 시작한다. 적극적으로 활동하며 이곳에서의 새로운 생활에 적응하는 것이 그녀의 목표였다.

2부 – 무엇이 진정한 의미일까?

그러나 그녀는 자신의 목표를 이루기 위해서만 살아가는 것이 삶의 진정한 의미는 아니라는 것을 깨닫게 된다. 그녀는 화성의 자연과 생명체들, 그리고 그들이 그녀에게 준 이야기들을 통해 새로운 인생이라는 것이 무엇을 의미하는지를 깨닫는다.

그녀는 자신이 발견한 이 화성의 놀라움에 감명을 받으며, 화성에서의 삶이 자신을 풍요롭게 만든다는 것을 깨닫게 된다.

3부 – 화성에서의 삶

그녀는 일년을 초과한 시간이 지난 후에야 그녀는 이제는 화성을 자신의 집으로 여기며, 이곳에서의 삶을 즐기게 된다. 그녀는 더 이상 외로움을 느끼지 않고, 자신만의 새로운 루틴을 가지고, 자신만의 이야기들을 써내려 가며, 화성에서의 삶을 즐긴다. 하지만 그녀는 자신의 목표와 새로운 삶의 의미를 잃지 않으며, 화성에서의 삶은 자신만의 경험이자 자신만의 미래를 위한 준비라는 것을 깨닫게 된다.

그녀는 자신이 이룬 것에 만족하며, 화성에서의 새로운 삶을 매 순간 귀중하게 여기며, 이제는 물과 산소, 에너지 등 생존에 필요한 자원이 모두 부족한 화성. 이곳에서 살아남으려면 상상도 못한 고난과 역경을 극복해야 한다. 하지만 그런 생존에 대한 열망과 도전적인 정신을 가진 주인공 '이안'은 그 누구보다도 이곳에서 살아남을 자신이 있다.

처음에는 화성의 새로운 환경과 생활에 매우 어려움을 느끼지만, 그의 끈기와 지식, 그리고 풍부한 창의력으로 새로운 환경에 적응하면서 화성에서의 삶을 꾸리기 시작한다. 하지만 그의 삶은 쉽게 흘러가지 않는다. 예기치 못한 사고로 인해 이안은 화성에서 혼자 살아남아야 하는 상황에 처하게 된다. 생존에 필요한 자원도 거의 없고, 외부와의 소통도 거의 불가능한 상황에서 이안은 끊임없는 열망과 창의적인 아이디어로 자신의 삶을 지키기 위해 노력한다. 그리고 그가 생각하지 못한 이른바 '종말'의 위협이 화성에 다가온다. 이안은 이 위기를 극복하기 위해 자신의 목숨을 바쳐 화성의 운명을 결정하게 된다.

이렇게 작성한 웹소설을 장면으로 연출해 보기 위해, 연속으로 스토리보드를 요청했습니다. 스토리보드는 이야기의 흐름과 캐릭터 움직임, 배경 등을 구체적으로 계획할 수 있기 때문입니다.

 이 웹소설의 스토리보드를 작성해 줘.

 제목: 화성에서 살아남기

장면 1: 이안이 화성에 도착하는 장면　[장면으로 구분]

화성에 착륙한 우주선이 지면에 착륙한다.

이안이 우주복을 입고 우주선을 벗어나 지면을 탐사한다.

장면 2: 이안의 삶

이안이 화성에서의 삶을 꾸리는 모습을 보여준다.

물과 산소를 생산하고, 작물을 키우며, 에너지를 생산하는 장면을 보여준다.

장면 3: 예기치 못한 사고

이안이 예기치 못한 사고로 인해 외부와 연락을 끊어져 혼자 살아남아야 하는 상황이 발생한다.

필요한 자원이 부족한 상황에서 이안이 창의적인 아이디어를 발휘하여 살아남는 모습을 보여준다.

장면 4: 종말의 위협

이안이 화성의 운명을 결정하는 위기 상황이 발생한다.

이안이 화성의 운명을 결정하기 위해 위험을 감수하고 최선을 다하는 모습을 보여준다.

장면 5: 이안의 탈출

이안이 화성에서 탈출하는 장면을 보여준다.

이안이 우주선으로 돌아가는 모습을 보여준다.

장면 6: 화성의 모습

마지막 장면에서는 이안이 화성을 바라보는 장면을 보여준다.

이안이 화성에서의 경험을 회상하며 자신의 삶에 대해 생각한다.

20

시나
노래 가사를
작성하려면?

Image AI 作
정보 한스푼에 감성 두스푼!

블로그나 소셜미디어에 시나 에세이를 취미로 쓰는 사용자들이 많습니다. 내가 글을 쓰는 것도 중요하지만, 다른 사람이 같은 주제로 어떻게 쓰는지도 검토하면 좋을 것입니다. 챗GPT는 문장 구조와 문법, 어휘, 화법 등 언어적 요소를 이해하고 생성할 수 있기 때문에 이를 통해 노래 가사와 시에 필요한 문장과 표현을 만들 수 있습니다. 또한, 다양한 시적 패턴, 리듬, 운율, 주제 등을 인식할 수 있습니다. 이를 통해 노래 가사와 시 작성 시 일관성 있는 구조와 스타일을 유지할 수 있습니다. 특정 키워드를 지정하여 챗GPT가 작성한 시나 가사를 감상해 볼까요?

'봄', '벚꽃'을 주제로 시 작성을 요청하였습니다. 시의 경우 주제를 구체화하는 과정으로, 주어진 주제를 시 구절에 맞게 구성하며, 이 과정에서 필요한 단어, 구절, 은유 등 다양한 구성과 기법으로 시를 작성하게 됩니다.

 봄 벚꽃을 주제로 시를 작성해 줘.

 산길을 걷다가 발 디딜 때마다
꽃향기 풍기는 바람이 불어와
벚꽃들이 떨어지는 소리가 들린다.

봄날의 공기는 더 따뜻하고
하늘은 더욱 푸르고 맑게 보인다.
그리고 이쁜 벚꽃들이
하늘과 땅을 연결시켜 주는 것 같다.

벚꽃은 모두의 마음에
따뜻한 봄을 알리며 꽃잎을 펴고
바람에 스치면 꿈결처럼
너무나도 아름다운 벚꽃이 된다.

산길을 걷다가 마주치는
하얀 벚꽃이 그립게 느껴질 때면
내 마음도 벚꽃처럼
하늘과 땅을 연결시켜주는 그림자가 된다.

봄날의 벚꽃, 너 참 이쁘다.
내 마음 속에 너도 함께 살아간다.

이번에는 '봄', '벚꽃'을 주제로 노래 가사 작성을 요청하였습니다. 시와는 달리 노래 가사는 고유한 리듬과 운율을 생각하고 가사를 작성해야 합니다. 챗GPT를 이용해 작성한 노래 가사를 보면 절을 나누고, 후렴구를 구분하여 작성되었습니다.

 봄 벚꽃을 주제로 노래 가사를 작성해 줘.

(Verse 1) ◀━ 1절 부분

산길을 걸으면

따스한 바람이 살랑살랑

벚꽃 향기가 나는 곳으로

내 발걸음이 이끌려

(Chorus) ◀━ 후렴구 부분

벚꽃, 벚꽃

하얀 꽃들이 춤을 춘다

하늘과 땅이 하나 되는 봄날

이 순간, 저 하늘까지 날아가고 싶어

(Verse 2) ◀━ 2절 부분

벚꽃들이 노래를 하네

그 노래가 나를 부르네

하늘과 땅이 하나 되는 봄날

내 마음은 자유롭게 흘러

(Chorus) ◀━ 후렴구 부분

벚꽃, 벚꽃

하얀 꽃들이 춤을 춘다

하늘과 땅이 하나 되는 봄날

이 순간, 저 하늘까지 날아가고 싶어

(Bridge) ◀━ 브릿지 부분

이 순간이 멈추지 않길

영원히, 함께 할 순간을 기억해

하얀 벚꽃이 물들이는 봄날

내 마음은 언제나 자유롭게 흘러

(Chorus) ◀━ 후렴구 부분

벚꽃, 벚꽃

하얀 꽃들이 춤을 춘다

하늘과 땅이 하나 되는 봄날

이 순간, 저 하늘까지 날아가고 싶어

21

챗GPT에서
그림을 바로
그리려면?

챗GPT 作
챗GPT에서 이미지 생성하기

챗GPT-4는 OpenAI의 고급 인공지능 모델 중 하나로, 텍스트 기반뿐만 아니라 이미지 생성 기능도 갖추고 있습니다. 사용자가 원하는 이미지를 생성하기 위해 채팅을 통해 상세한 설명을 제공하면, 그 설명을 기반으로 이미지를 만들어냅니다. 사용자가 원하는 시나리오, 분위기, 개체 등에 대한 설명을 제공하면, 그에 맞춰 이미지를 생성합니다. 챗GPT는 '달리(DALL·E)'라는 도구를 사용하며, 텍스트 설명을 바탕으로 다양한 스타일과 주제의 이미지를 생성할 수 있습니다.

텍스트로 이미지 생성하기

챗GPT-4를 이용하여 이미지를 생성하는 과정은 다음과 같은 단계들로 이루어집니다. 먼저 사용자가 원하는 이미지에 대한 자세한 설명을 텍스트로 입력합니다. 이때 장면의 구체적인 내용, 색상, 분위기, 개체의 배열, 크기 등의 정보를 포함할수록 구제척인 이미지를 얻을 수 있습니다.

사용자가 제공한 설명은 때로는 OpenAI의 정책에 맞게 조정되어야 합니다. 예를 들어, 저작권으로 보호되는 캐릭터나 실존 인물을 직접적으로 표현하는 것은 허용되지 않습니다. 이럴 때는 원래 요청을 재창조적으로 해석하여 유사한 느낌의 이미지를 생성할 수 있도록 설명을 변형합니다.

텍스트에서 이미지 생성까지!

수정된 설명은 '달리(DALL · E)'라는 이미지 생성 도구로 전송됩니다. 이 도구는 AI가 텍스트 설명을 이미지로 변환하는 데 사용됩니다. 달리는 제공된 설명을 분석하여 해당 내용을 반영하는 이미지를 만듭니다. 이 과정은 몇 초에서 몇 분 정도 소요될 수 있으며, 생성된 이미지는 사용자에게 제공됩니다.

생성된 이미지는 사용자에게 보여지며, 사용자는 이 이미지를 클릭하여 다운로드할 수 있습니다. 사용자가 처음 생성된 이미지에 만족하지 않을 경우, 수정 사항을 제시하고 새로운 이미지를 요청할 수 있습니다. 이러한 챗GPT를 이용한 이미지 생성 기능은 창작물 제작, 아이디어 시각화, 교육 목적 등 다양한 방면에서 유용하게 활용될 수 있습니다.

챗GPT로 제작한 이미지 저작권 사용 규정

OpenAI의 달리이미지 생성 도구를 통해 생성된 이미지들은 일반적으로 사용자가 자유롭게 사용할 수 있습니다. 하지만 몇 가지 중요한 저작권과 사용 규정에 주의를 기울여야 합니다.

❶ 개인 용도와 비상업적 사용: 사용자는 개인 프로젝트나 비상업적 목적으로 이미지를 사용할 수 있습니다. 예를 들어, 개인적인 아트워크, 교육 자료, 연구 목적 등이 이에 해당됩니다.

❷ 상업적 사용: 달리로 생성된 이미지를 상업적 목적으로 사용하기 전에는 OpenAI의 정책을 확인해야 합니다. 일부 사용 사례에 대해서는 추가적인 라이선스 구매나 허가가 필요할 수 있습니다.

❸ 저작권 침해: 달리를 사용하여 생성된 이미지가 타인의 저작권을 침해하지 않아야 합니다. 예를 들어, 저작권이 있는 캐릭터, 로고, 상표 등을 무단으로 사용해서는 안 됩니다.

❹ 콘텐츠 가이드라인: 사용자는 OpenAI의 콘텐츠 정책 및 가이드라인을 준수해야 하며, 폭력적이거나 불쾌감을 주는 이미지 생성을 요청해서는 안 됩니다.

❺ 저작권 표시: 특정 경우에는 이미지의 출처나 생성에 사용된 AI 도구에 대한 저작권 표시를 해야 할 수도 있습니다.

❻ 라이선스 변경 가능성: OpenAI의 정책과 라이선스는 변경될 수 있으므로, 이미지를 사용하기 전에 항상 최신 정보를 확인해야 합니다.

이미지를 생성하고 사용할 때는 항상 OpenAI의 최신 정책을 확인하고, 필요한 경우 전문가의 조언을 구하는 것이 중요합니다. OpenAI 웹사이트에서 제공하는 이용 약관을 정독하여 현재의 정책을 정확히 이해하고, 해당 이미지를 사용할 때 법적인 문제가 없도록 해야 합니다.

> **알아두기** 달리(DALL·E)란?
>
> 달리는 OpenAI가 개발한 인공 지능 이미지 생성 모델입니다. 이 이름은 유명한 화가 살바도르 달리(Salvador Dali)와 유명한 애니메이션 캐릭터 월리(WALL·E)를 합친 것에서 유래되었습니다. 달리는 자연어 처리를 기반으로 텍스트 설명을 바탕으로 복잡한 이미지를 생성할 수 있습니다. 주어진 텍스트 프롬프트를 바탕으로 관련성 높고 창의적인 이미지를 만들어냅니다. 사용자가 구체적이고 상세한 설명을 제공할수록, 모델은 더 정확하고 기대에 부합하는 이미지를 생성합니다.

챗GPT에서 그림 그리기

01 | 챗GPT의 입력창에 '바닷가에서 휴가를 즐기는 모습을 그려줘'라고 입력하였습니다. 그림과 같이 챗GPT가 사람들이 여름 휴가를 즐기는 바닷가 풍경 이미지를 생성하여 표시합니다.

02 | 좀 더 구체적으로 '해변가에서 비치 의자에 앉아 칵테일을 마시는 모습을 그려줘'라고 이미지 생성을 요청하였습니다. 그림과 같이 요청한 표현에 맞게 이미지가 생성되었습니다.

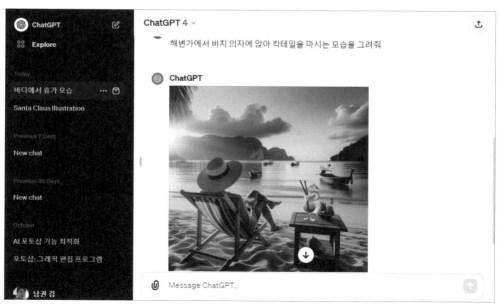

이미지 추가 구성하기

01 작성된 이미지에 이미지 구성 요소를 추가하기 위해 '그려준 그림에서 앉아있는 강아지를 추가해 줘'라고 입력합니다. 그림과 같이 강아지 이미지가 생성됩니다.

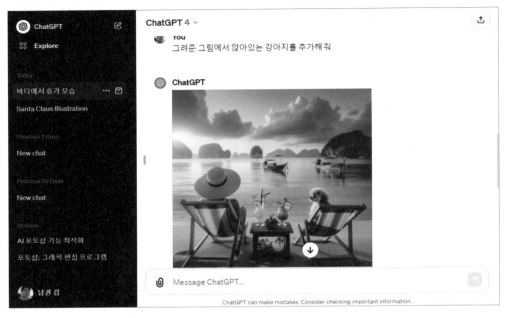

02 이어서 '그려준 그림에서 파라솔을 추가해 줘'라고 입력하여 테이블 위에 파라솔 이미지를 생성하였습니다. 생성된 이미지를 저장하기 위해 이미지를 클릭한 다음 다운로드 아이콘을 클릭하여 내 PC에 저장합니다.

이미지를 삽입하여 정보 얻기

01 | 정보를 확인하려는 이미지를 챗GPT화면으로 드래그합니다(소스 파일: stawberries.jpg). 입력창에 이미지가 추가되며, '이 케이크에 대해 알려주고, 만드는 방법을 소개해 줘'라고 입력합니다.

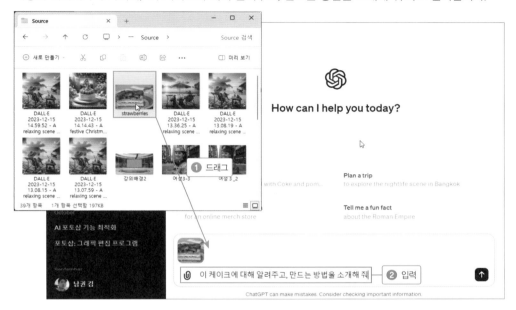

02 | 챗GPT 화면에 드래그한 이미지가 표시되며, 이미지를 분석하여 이미지의 정보를 표시합니다. 예제에서는 케이크 이름과 케이크를 구성하는 정보를 제공합니다.

03 | 추가로 케이크를 만드는 방법을 소개합니다.

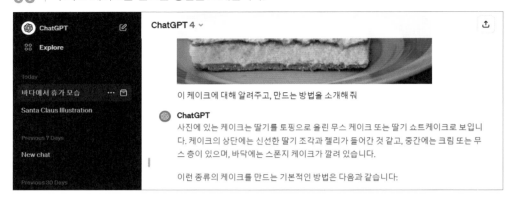

 이 케이크에 대해 알려주고, 만드는 방법을 소개해 줘

 사진에 있는 케이크는 딸기를 토핑으로 올린 무스 케이크 또는 딸기 쇼트케이크로 보입니다. 케이크의 상단에는 신선한 딸기 조각과 젤리가 들어간 것 같고, 중간에는 크림 또는 무스 층이 있으며, 바닥에는 스폰지 케이크가 깔려 있습니다.

이런 종류의 케이크를 만드는 기본적인 방법은 다음과 같습니다:

1. 스폰지 케이크 베이스 만들기

- 달걀, 설탕, 밀가루, 베이킹 파우더 등을 이용해 스폰지 케이크 반죽을 만듭니다.
- 반죽을 케이크 팬에 붓고 예열된 오븐에서 구워줍니다.
- 완전히 식힌 후 케이크를 수평으로 자르거나, 두 개의 동일한 크기의 케이크를 만들어 준비합니다.

2, 크림 또는 무스 층 만들기

- 크림치즈, 설탕, 바닐라 추출물 등을 섞어 크림을 만듭니다.
- 별도로 휘핑크림을 만들어 크림치즈 혼합물과 섞어줍니다.
- 젤라틴이나 다른 겔화제를 사용하여 무스의 형태를 만들 수도 있습니다.

3. 케이크에 크림이나 무스를 발라 냉장고에서 보관하기

- 스폰지 케이크 한 층을 케이크 판이나 접시에 놓고, 크림 또는 무스를 바릅니다.
- 두 번째 스폰지 케이크 층을 올리고, 남은 크림 또는 무스를 바릅니다.
- 마지막으로 상단에 준비한 딸기를 올리고 젤리나 딸기 소스로 마무리 합니다.
- 케이크를 몇 시간 동안 냉장고에 넣어 잘 보관합니다.

광고용 이미지 완성하기

01 | 완성된 케이크 이미지로 만들기 위해 '위의 케이크를 완성된 이미지로 만들어 줘'라고 입력하여 이미지를 생성합니다. 광고용 케이크 이미지로 만들기 위해 '위의 이미지를 크리스마스 느낌의 광고 이미지로 만들어줘' 라고 입력합니다.

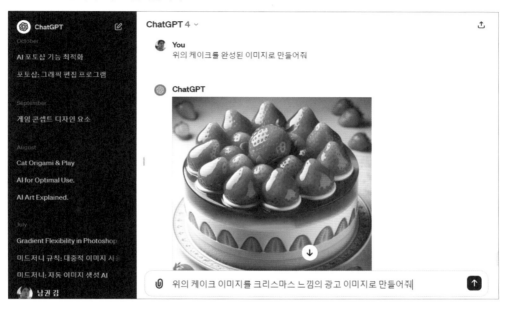

02 | 그림과 같이 크리스마스 분위기의 딸기 케이크 광고 이미지를 생성하였습니다. 생성된 이미지를 클릭하여 내 PC에 완성된 이미지를 다운로드합니다.

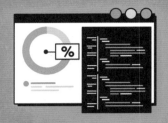

'무서울 정도로 훌륭하고
위험할 만큼 강력한 AI가 머지않았다.'

- 일론 머스크 Elon Musk

PART

2

챗GPT 파워업!
일상 업무 활용하기

챗GPT의 기본기를 배웠다면 이제부터 기능을 업그레이드하여 원하는 정보에 더 디테일하게 접근하기 위한 방법을 알아 봅시다. 챗GPT 필수 확장 프로그램 사용 방법부터 AIPRM을 이용한 SNS 콘텐츠 구성, 마케팅을 위한 검색 순위, 예술 등 다양한 분야의 템플릿 사용 방법을 소개합니다.

01

챗GPT에서
확장 프로그램을
사용하려면?

Image AI 作
나만의 무기 추가 장착, 확장 프로그램

크롬 확장 프로그램은 구글 크롬 웹 브라우저에서 기능을 추가하거나 변경할 수 있는 소프트웨어입니다. 챗GPT 확장 프로그램은 문장을 쉽게 정리해 주거나 음성으로 묻고 답변할 수도 있으며, 구글 브라우저와 같이 사용할 수 있는 기능 등 사용자가 필요에 의해 편리하게 챗GPT를 사용할 수 있도록 도와주는 프로그램입니다. 자신의 작업에 맞게 설치하거나 불필요할 경우 바로 삭제하면서 다양한 챗GPT 확장 프로그램을 사용해 보세요.

확장 프로그램 검색하고 설치하기

01 │ 크롬 웹 스토어(chrome.google.com/webstore)로 이동한 다음 확장 프로그램이 선택된 상태에서 검색 창에 챗GPT 확장 프로그램 이름을 입력합니다. 예제에서는 영문을 번역해 주는 확장 프로그램인 '프롬프트지니'를 입력합니다.

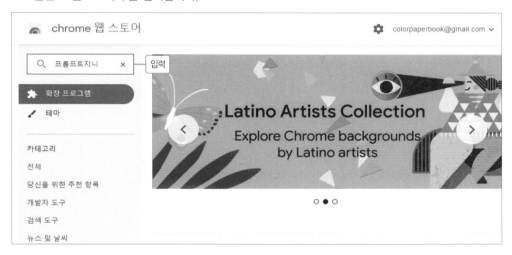

02 │ 검색 항목에 챗GPT 확장 프로그램들이 표시됩니다. 검색된 첫 번째 항목인 '프롬프트 지니'를 클릭합니다.

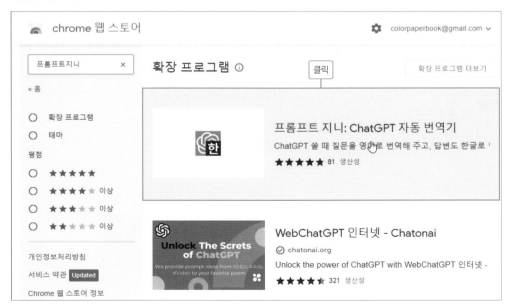

03 │ 크롬 웹 스토어로 이동하여 검색하지 않고, 구글 검색 창에 '프롬프트지니'라고 입력한 다음 검색된 항목에서 프롬프트 지니 항목을 클릭하여 바로 이동이 가능합니다.

04 │ 해당 검색 결과 화면이 표시되면 확장 프로그램을 설치하기 위해 [Chrome 추가] 버튼을 클릭합니다. 프로그램을 추가하는지 묻는 대화상자가 표시되면 [확장 프로그램 추가] 버튼을 클릭합니다.

확장 프로그램 제거하기

01 | 확장 프로그램이 설치되면 챗GPT의 기본 인터페이스에 확장 프로그램에서 제공되는 옵션이 추가되어 표시됩니다. '프롬프트 지니' 프로그램에서는 번역을 위한 프로그램이므로, 자동 번역 옵션과 아이콘이 추가로 표시됩니다. '지니' 아이콘(🔍)을 클릭하고 자동 번역 옵션을 클릭하여 활성화합니다.

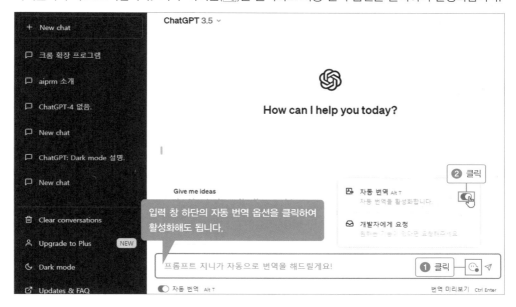

02 | 설치된 프롬프트 지니 확장 프로그램을 제거하기 위해서 크롬 웹 스토어(chrome.google. com/webstore)에서 프롬프트 지니를 검색한 다음 [Chrome에서 삭제] 버튼을 클릭합니다. 해당 프로그램을 삭제할 것인지 묻는 대화상자가 표시되면 [삭제] 버튼을 클릭합니다.

03 | 챗GPT를 실행하면 그림과 같이 확장 프로그램이 삭제되어 기본 인터페이스로 표시되는 것을 확인할 수 있습니다.

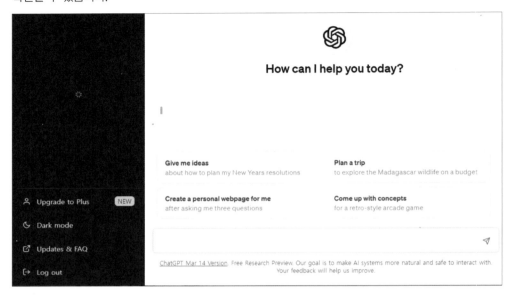

크롬 브라우저에서 확장 프로그램 삭제하기

01 | 크롬 브라우저에서 확장 프로그램을 삭제하기 위해 크롭 브라우저의 '설정' 아이콘(⋮)을 클릭한 다음 (도구 더보기) → (확장 프로그램)을 선택합니다.

02 | 다음 그림과 같이 현재 설치되어 있는 확장 프로그램이 항목별로 표시됩니다. 삭제하려는 확장 프로그램의 [삭제] 버튼을 눌러 프로그램을 삭제합니다.

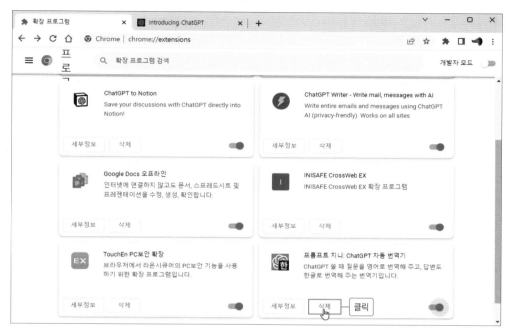

알아두기 확장 프로그램 비활성화하기

확장 프로그램을 잠시 꺼두기 위해서는 활성화 버튼을 클릭하여 해당 프로그램을 비활성화합니다. 확장 프로그램을 비활성화하면 나중에 해당 확장 프로그램을 사용할 때 다시 설치해야 하는 번거로움이 없습니다.

02

음성으로 묻고,
음성으로 답변을
들으려면?

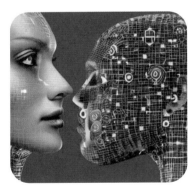

Image AI 作
키보드 이젠 안녕!

챗GPT에서 타이핑하지 않고, 음성으로 질문한 다음 음성으로 답변을 듣는다면 다른 작업이나
활동을 하면서 챗GPT를 사용할 수 있을 것입니다. 음성으로 질문을 하고, 음성으로 답변을 듣
기 위해서는 내 PC에 마이크와 스피커가 작동되어야 합니다.

Talk-to-ChatGPT 프로그램을 설치하면 챗GPT 대화창에 음성으로 질문할 수 있는 제어 창이
생성되며, 문자로 질문하지 않아도 음성으로 질문이 가능합니다.

입출력 장치 확인하기

01 | PC의 입출력 장치를 확인하기 위해 윈도우의 (검색) 버튼을 클릭한 다음 팝업 메뉴 검색 창에서 '시스템'을 입력합니다.

02 | 시스템 설정 대화상자가 표시되면 (소리) 항목을 클릭합니다.

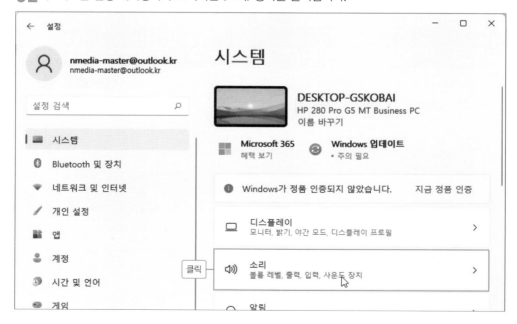

03 | 입력과 출력 항목에서 마이크 테스트를 확인합니다. 테스트 소리를 낼 때마다 볼륨의 음량 표시가 변경된다면 마이크가 작동되는 것입니다.

음성으로 질문하고 답변 듣기

01 | 구글 입력 창에 'Talk to ChatGPT'를 입력하여 검색한 항목에서 'Talk-to-ChatGPT'를 클릭합니다.

02 | 'Talk-to-ChatGPT' 화면이 표시되면 (Chrome에 추가) 버튼을 클릭한 다음 Talk-to-ChatGPT 추가를 질문하는 대화상자가 표시되면 (확장 프로그램 추가) 버튼을 클릭합니다.

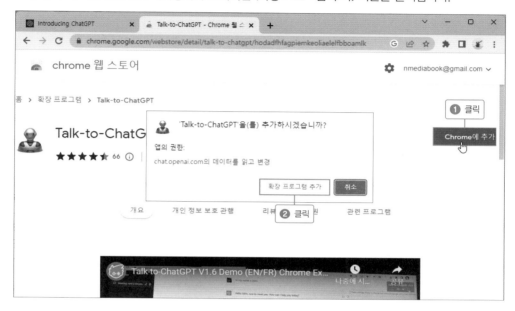

03 | 챗GPT 오른쪽 화면 상단에 음성 질문이 가능한 Talk-to-ChatGPT 제어 창이 표시됩니다. 음성 질문을 하기 위해 (▶ Start) 버튼을 클릭합니다.

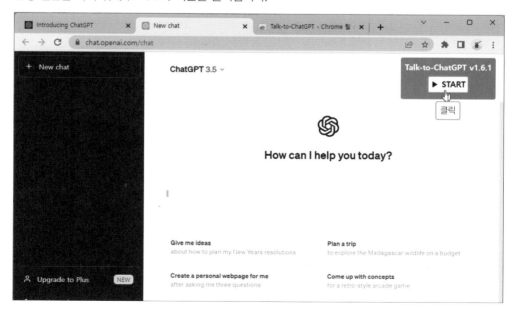

04 | 마이크에 음성으로 질문을 합니다. 예제에서는 '저탄고지 다이어트에 대해 알려줘.'라고 말하였습니다. 여성 음성으로 질문의 답변과 함께 문장으로 답변을 표시합니다.

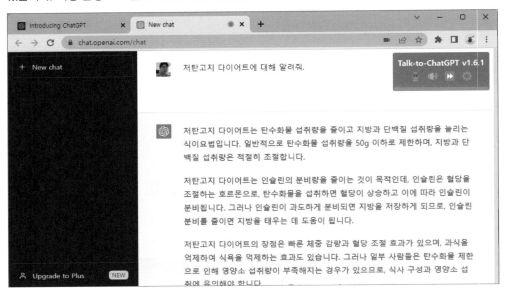

Talk-to-GPT 제어창

Talk-to-GPT 제어창에서 제공하는 버튼을 이용하여 음성으로 질문이나 답변 설정 등을 지원합니다.

❶ 음성 인식을 켜거나 끄는 기능
❷ AI 음성 답변을 켜거나 끄는 기능
❸ AI 음성의 일시적으로 답변을 건너뛰는 기능
❹ AI 음성 답변의 언어 선택 및 속도, 단축어 등을 설정

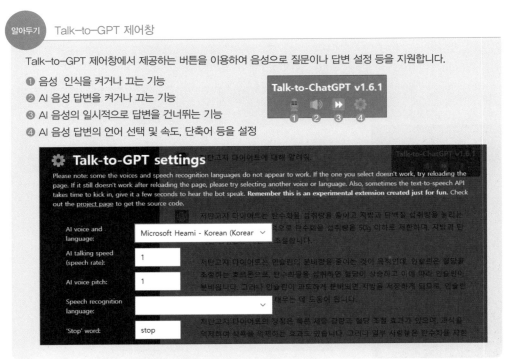

03

구글과
챗GPT를 같이
사용하려면?

Image AI 作
구글과 인공지능이 만난다면?

한 대의 모니터를 이용하여 동시에 자료 검색과 정리를 위해 여러 개의 작업 창을 열어 작업해
보면 불편하기 마련입니다. 구글을 이용하여 검색과 챗GPT를 한 화면에 동시에 사용할 수 있
다면 작업의 효율도 높아질 것입니다.

ChatGPT for Google 확장 프로그램을 이용하면 구글 브라우저 안에 챗GPT를 이용한 답변을
구글 검색과 동시에 받을 수 있습니다.

구글 검색기와 챗GPT로 동시 검색하기

01 | 구글 입력 창에 'ChatGPT for Google'을 입력하여 검색한 항목에서 'ChatGPT for Google'을 클릭합니다.

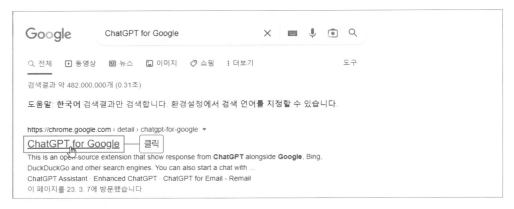

02 | 'ChatGPT for Google' 화면이 표시되면 (Chrome에 추가)를 클릭한 다음 챗GPT for Google을 추가를 질문하는 대화상자가 표시되면 (확장 프로그램 추가) 버튼을 클릭합니다.

03 | Theme 옵션을 Auto, Language를 Korean으로 지정한 다음 (Save) 버튼을 누릅니다.

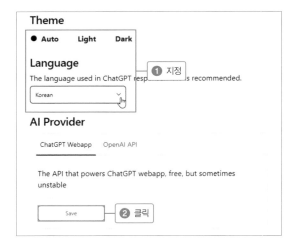

04 | 구글 크롬 브라우저를 실행시킨 다음 구글 입력 창에 'Open AI 회사에 대해 알려줘'라고 질문을 입력합니다. 왼쪽 화면에는 구글 검색기에서 검색한 내용이, 오른쪽 화면에는 별도의 챗GPT 창에 질문에 대한 답변이 표시되는 것을 확인할 수 있습니다.

05 | 'Open AI와 연관된 프로그램을 알려줘'라고 다른 질문을 하면, 구글 검색기와 챗GPT가 검색하여 새로운 답변을 하는 것을 확인할 수 있습니다.

04

한글 질문을
영문으로
번역하여
질문하려면?

Image AI 作
챗GPT는 영어가 더 편해!

챗GPT에서 질문을 할 때 한글로 질문을 할 경우 답변의 시간이 느려질 수 있고, 잘못 이해하여
엉뚱한 답변이나 영문보다 답변이 세세하지 못할 경우도 있습니다. 프롬프트 지니를 이용하면
한글로 질문한 문장을 영문으로 번역하여 답변을 얻고, 한글로 답변을 다시 표시합니다.

챗GPT를 번역기로 사용하기

01 │ 구글 입력 창에 '프롬프트 지니'를 입력하여 검색한 항목에서 '프롬프트 지니-ChatGPT'를 클릭합니다.

02 │ '프롬프트 지니' 화면이 표시되면 [Chrome에 추가]를 클릭한 다음 프롬프트 지니 챗GPT 추가를 물어보는 대화상자가 표시되면 [확장 프로그램 추가] 버튼을 클릭합니다.

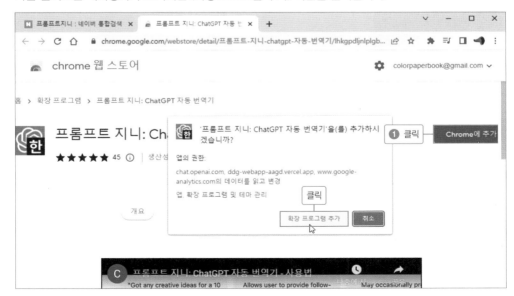

03 챗GPT 화면이 표시되면 입력 창 하단에 자동 번역 옵션이 표시되어 있습니다. 기본은 자동 번역이 활성화되어 있는 상태입니다.

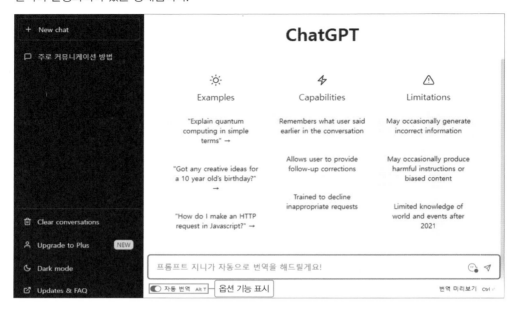

04 한글로 질문을 입력하겠습니다. 예제에서는 '프레젠테이션 잘 하는 방법을 알려줘.'라고 입력 하였습니다.

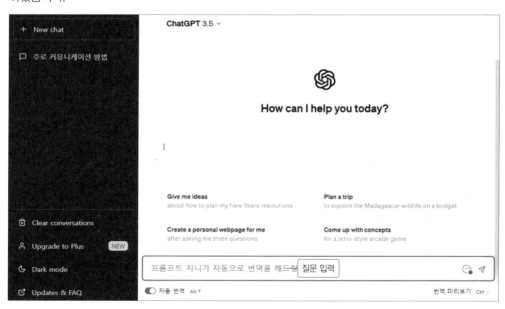

05 | 번역 결과가 표시되며, 입력한 질문이 영문으로 번역되었습니다. 답변 또한 영문으로 표시되었습니다.

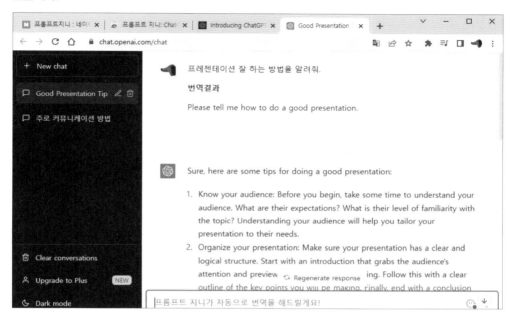

06 | 영문으로 답변이 표시된 다음 바로 한글로 다시 번역하여 표시합니다.

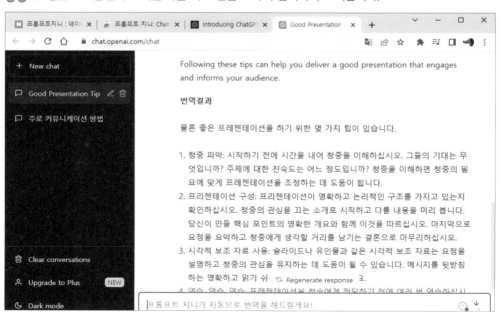

프레젠테이션 잘 하는 방법을 알려줘.

번역 결과

Please tell me how to do a good presentation.

 Sure, here are some tips for doing a good presentation:

1. Know your audience: Before you begin, take some time to understand your audience. What are their expectations? What is their level of familiarity with the topic? Understanding your audience will help you tailor your presentation to their needs.

2. Organize your presentation: Make sure your presentation has a clear and logical structure. Start with an introduction that grabs the audience's attention and previews what you will be covering. Follow this with a clear outline of the key points you will be making. Finally, end with a conclusion that summarizes your main points and leaves the audience with something to think about.

3. Use visual aids: Visual aids such as slides or handouts can help to illustrate your points and keep your audience engaged. Be sure to use clear and easy-to-read visuals that support your message.

4. Practice, practice, practice: Practice your presentation several times before delivering it to your audience. This will help you feel more confident and familiar with the material. It will also give you a chance to work out any kinks in your delivery.

5. Engage your audience: Keep your audience engaged by using storytelling, asking questions, or using interactive activities. Encourage audience participation and feedback throughout your presentation.

6. Be confident and enthusiastic: Your audience will respond to your energy and enthusiasm. Speak clearly and confidently, and use gestures and facial expressions to reinforce your message.

7. Stay within your time limit: Respect your audience's time by staying within your allotted time. Practice your presentation to make sure you can deliver your message effectively within the time you have.

Following these tips can help you deliver a good presentation that engages and informs your audience.

번역 결과

좋은 프레젠테이션을 하기 위한 몇 가지 팁이 있습니다.

1. 청중 파악: 시작하기 전에 시간을 내어 청중을 이해하십시오. 그들의 기대는 무엇입니까? 주제에 대한 친숙도는 어느 정도입니까? 청중을 이해하면 청중의 필요에 맞게 프레젠테이션을 조정하는 데 도움이 됩니다.

2. 프리젠테이션 구성: 프리젠테이션이 명확하고 논리적인 구조를 가지고 있는지 확인하십시오. 청중의 관심을 끄는 소개로 시작하고 다룰 내용을 미리 봅니다. 당신이 만들 핵심 포인트의 명확한 개요와 함께 이것을 따르십시오. 마지막으로 요점을 요약하고 청중에게 생각할 거리를 남기는 결론으로 마무리하십시오.

3. 시각적 보조 자료 사용: 슬라이드나 유인물과 같은 시각적 보조 자료는 요점을 설명하고 청중의 관심을 유지하는 데 도움이 될 수 있습니다. 메시지를 뒷받침하는 명확하고 읽기 쉬운 시각 자료를 사용하세요.

4. 연습, 연습, 연습: 프레젠테이션을 청중에게 전달하기 전에 여러 번 연습하십시오. 이것은 당신이 자료에 대해 더 자신감을 갖고 친숙해지는 데 도움이 될 것입니다. 그것은 또한 당신에게 배달의 꼬임을 해결할 기회를 줄 것입니다.

5. 청중 참여 유도: 스토리텔링, 질문 또는 대화형 활동을 사용하여 청중의 참여를 유지하십시오. 프레젠테이션 전반에 걸쳐 청중의 참여와 피드백을 장려하십시오.

6. 자신감과 열정을 가져라: 청중은 당신의 에너지와 열정에 반응할 것이다. 명확하고 자신 있게 말하고 몸짓과 표정을 사용하여 메시지를 강화하십시오.

7. 시간 제한 준수: 할당된 시간을 준수하여 청중의 시간을 존중하십시오. 주어진 시간 내에 효과적으로 메시지를 전달할 수 있도록 프레젠테이션을 연습하십시오.

이러한 팁을 따르면 청중을 참여시키고 정보를 제공하는 좋은 프레젠테이션을 제공하는 데 도움이 될 수 있습니다.

05

가장 **최신**
정보를
확인하려면?

Image AI 作
주식 상한가도 예측할 수 있다면?

챗GPT는 버전에 따라 정보를 제공할 수 있는 날짜가 다릅니다. 검색 정보의 오류는 바로 버전에 따른 정보 제공 날짜에 따른 것이므로, 최신 실시간 정보를 얻기 위해서는 웹챗 GPT 프로그램을 설치하여 기능을 업그레이드 합니다.

챗GPT-3.5의 경우 2021년 9월에 공개되었으며, 제공하는 정보는 해당 시점 이전의 정보까지만 포함됩니다. 따라서, 현재와 차이가 있는 정보를 제공할 수 있습니다. 예를 들어, 2021년 9월 이후에 발생한 사건에 대한 정보나 최신의 경제 지표 등은 제공하지 못할 수 있습니다.

2023년 3월 기준 챗GPT 버전은 2021년 9월 기준으로 학습된 Large GPT-3 모델을 기반으로 합니다. 따라서 2021년 9월 이후의 정보를 기반으로 답을 할 수 없습니다.

01 │ 구글에서 'WebChatGPT'를 입력하여 검색한 다음 〔Chrome에 추가〕를 클릭하고 〔확장 프로그램 추가〕 버튼을 클릭합니다.

02 │ 하단에 검색 옵션이 표시되면, 입력 창에 검색하려는 내용을 입력합니다.

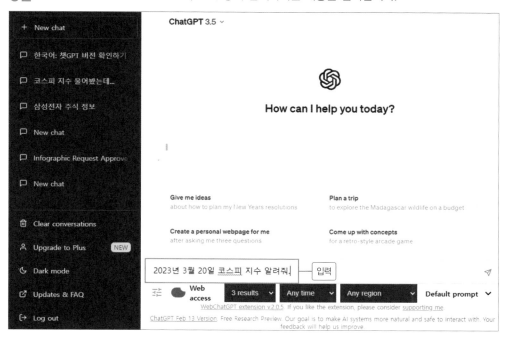

확장 프로그램을 없애기 위해서는 다시 설치 화면으로 되돌아가서 〔Chrome에서 삭제〕 버튼을 클릭하여 삭제합니다.

BEFORE

 2023년 3월 20일 코스피 지수를 알려줘.

 죄송합니다. 제가 알고 있는 정보는 ❶ 2021년 9월까지의 것이며, 현재의 코스피 지수를 알 수 없습니다. 코스피 지수는 매일 변동되기 때문에, 현재의 코스피 지수는 금융 뉴스 또는 주식 시세 정보를 확인하시면 됩니다.

AFTER

 2023년 3월 20일 코스피 지수를 알려줘.

 웹 검색 결과:

[1] "코스피 시세. 작년 코스피 기록은 처참했습니다. 코스피 지수가 연초보다 23.7% 하락하면서 저조한 성적을 기록했습니다. 같은 기간 코스닥 지수는 33.29% 급락했습니다. G20 국가 중 하락률이 가장 컸던 나라는 러시아로 작년 약 40% 폭락했습니다."

https://kr.mitrade.com/indices/indices/kospi-stock-index-forecast

[2] "올해 시작과 동시에 3000선 밑으로 흘러내린 코스피가 최근 두 달 가까이 2600~2800 포인트 사이의 박스권에서 옴짝달싹 못 하고 있다. 우크라이나 전쟁으로 지수가 2500까지 밀릴 수 있다는 예상도 나왔지만, 외국인은 팔고 개인은 사들이는 치열한 공방 속에 2600대 초반에서 저지선이 형성됐다.

https://www.chosun.com/economy/stock-finance

❷ Current date: 2023. 3. 23.

제공해드린 검색 결과를 기반으로 보면, 최근 코스피 지수는 2600~2800포인트 사이의 박스권에서 움직이고 있습니다. 지수는 유가 급등락과 인플레이션 우려, 미국 연방준비제도(Fed) 파월 의장의 금리 인상 발언 등으로 인해 불안정한 모습을 보이고 있습니다 [3]. 또한, 이전의 작년 기록은 좋지 않았습니다. 코스피 지수는 작년에 연초보다 23.7% 하락하면서 저조한 성적을 기록했습니다. 코스닥 지수도 같은 기간 33.29% 급락했습니다 [1].

06

자동으로
메일을
작성하려면?

Image AI 作
업무의 시작은 메일로 시작한다.

메일 보내는 업무가 많을 경우 메일을 챗GPT로 작성한 다음 바로 G메일 안에서 보낼 수 있습니다. ChatGPT Writer 확장 프로그램을 이용하면 구글 메일에 별도의 Generate Email 기능이 추가되어 보낼 메일 주제만 정해주면 알아서 해당 주제에 맞게 메일을 초안을 작성합니다.

챗GPT로 메일 초안이 작성되면 이름이나 회사 이름이나 받는 분, 보내는 사람 이름 등 내용을 수정하고 바로 메일 전송이 가능합니다.

ChatGPT Writer 확장 프로그램을 이용하면 G메일의 편지 쓰기 기능 안에 챗GPT 입력 창이 표시되며, 메일 주제를 입력하여 자동 메일을 작성합니다.

01 | 구글에서 'ChatGPT Writer'를 검색하고 (Chrome에 추가) 버튼을 클릭합니다. 챗GPT Writer 프로그램을 추가할지 묻는 대화상자가 표시되면 (확장 프로그램 추가) 버튼을 클릭합니다.

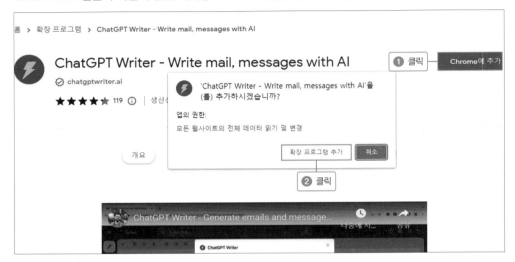

02 | 메일을 작성하기 위해 구글 메일을 실행합니다. (편지 쓰기) 화면 하단에 (ChatGPT Writer) 아이콘을 클릭합니다. 작성할 메일의 주제를 입력한 다음 (Generate Email) 버튼을 클릭합니다. 예제에서는 고객에게 보내는 신년 인사 메일을 요청합니다.

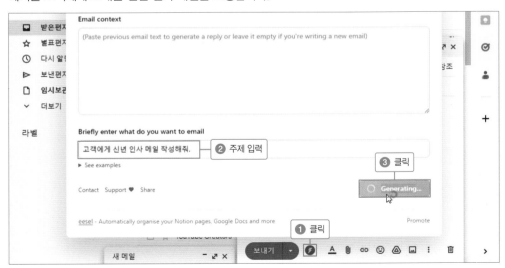

03 │ Response generated 입력 창에 주제에 맞게 자동으로 메일 초안을 작성합니다. 특정 이름이나 내용을 수정한 다음 (Insert generated response) 버튼을 클릭합니다.

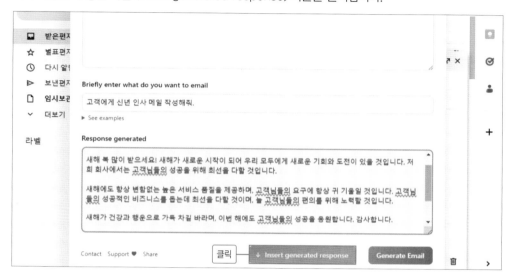

04 │ 메일 창에 해당 메일 내용이 표시됩니다. 메일 내용을 확인 후 수신자 메일 주소를 입력한 다음 (보내기) 버튼을 클릭하여 메일을 전송합니다.

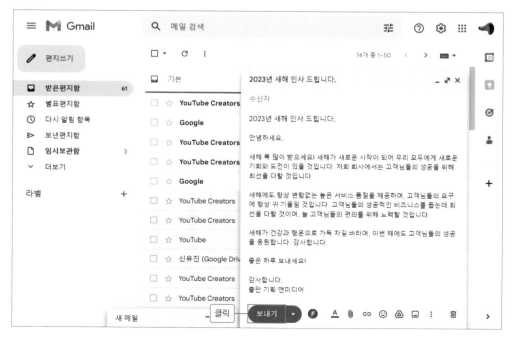

07

유튜브 **영상**을 **문장**으로 **정리**하려면?

Image AI 作
소스의 시작, 텍스트

영상을 보지 않고도 출연자가 말하는 내용을 인식하여 문장으로 정리할 수 있으며, 챗GPT를 이용하여 영상 내용을 요약하거나 번역할 수도 있습니다. 유튜브 영상을 텍스트화하면 나중에 키워드로 특정 단어나 영상의 장면을 빠르게 찾을 수 있는 장점도 있습니다.

YouTube Summary with ChatGPT 확장 프로그램을 사용하면 유튜브 화면에 영상을 텍스트로 정리해주는 기능이 추가됩니다. 이렇게 정리된 텍스트는 문서화 할 수 있으며, 요약 정리할 수도 있습니다. 다시 스크립트로 정리하여 텍스트 위주의 영상이나 다른 형태의 영상으로 제작도 가능합니다.

강의 영상을 문장화하기

01 구글 입력 창에 'YouTube Summary with ChatGPT'를 입력하여 검색한 항목에서 'YouTube Summary with ChatGPT'를 클릭합니다.

02 'YouTube Summary with ChatGPT' 화면이 표시되면 (Chrome에 추가)를 클릭한 다음 YouTube Summary with ChatGPT 추가를 질문하는 대화상자가 표시되면 (확장 프로그램 추가) 버튼을 클릭합니다.

03 | 유튜브로 이동한 다음 강의 영상을 재생해 봅니다. 오른쪽 화면 상단에 (Transcript & Summary) 버튼을 클릭합니다.

04 | 오른쪽의 Transcript & Summary 창에 영상 강의가 재생 시간 단위로 문장으로 표시되었습니다.

05 한글이나 워드 프로그램에 복사해 붙여넣기 위해 'Copy Transcript' 아이콘()을 클릭합니다.

06 예제에서는 한글 프로그램을 실행시킨 다음 Ctrl+V를 눌러 영상에서 추출한 문장을 붙여넣었습니다.

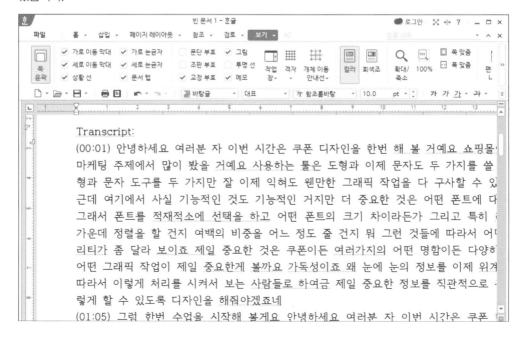

07 문장으로 구성되면 영상에 사용된 단어나 특정 문구를 영상 재생 시간대와 함께 찾아볼 수 있습니다.

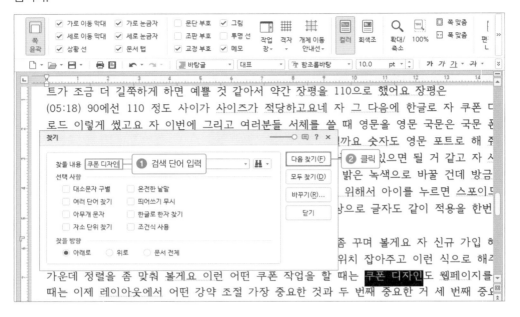

08 이번에는 'View AI Summary' 아이콘(⬡)을 클릭하여 챗GPT에서 영상을 이용하여 정리된 문장을 불러옵니다.

09 | 다음 그림과 같이 챗GPT에 영상에서 정리된 문장이 표시되며, 바로 영문으로도 번역되어 표시됩니다.

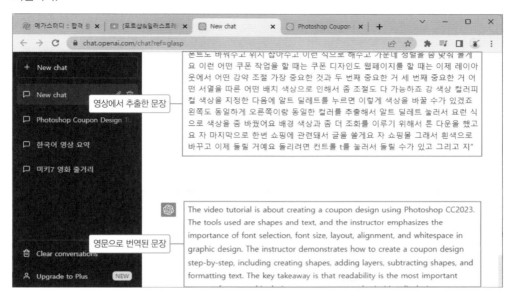

10 | 챗GPT에게 '강의 내용을 한글로 정리해 줘.'라고 요청을 하였습니다. 간략하게 강의 영상의 핵심 내용을 요약해서 답변을 하였습니다. 이처럼 강의 영상을 시청하지 않고도 영상 내용을 확인할 수 있습니다.

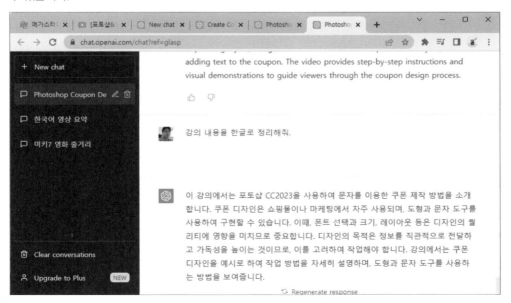

다음은 영상 강의를 챗GPT가 강의자의 음성을 텍스트로 문서화하여 정리한 내용입니다. 문서화된 내용을 다시 챗GPT에게 강의 내용을 한글로 정리해 달라고 요청하여 긴 영상을 보지 않고도 영상의 내용을 요약하여 파악할 수 있습니다.

Transcript:

안녕하세요 여러분 자 이번 시간은 쿠폰 디자인을 한번 해 볼 거예요 쇼핑몰이라든가 마케팅 주제에서 많이 봤을 거예요 사용하는 툴은 도형과 이제 문자도 두 가지를 쓸 텐데 도형과 문자 도구를 두 가지만 잘 이제 익혀도 웬만한 그래픽 작업을 다 구사할 수 있고요

여기에서 사실 기능적인 것도 기능적인 거지만 더 중요한 것은 어떤 폰트에 대한 이해 그래서 폰트를 적재적소에 선택을 하고 어떤 폰트의 크기 차이라든가 그리고 특히 레이아웃 가운데 정렬을 할 건지 여백의 비중을 어느 정도 줄 건지 뭐 그런 것들에 따라서 어떤 좀 퀄리티가 좀 달라 보이죠

제일 중요한 것은 쿠폰이든 여러가지의 어떤 명함이든 다양하게 그런 어떤 그래픽 작업이 제일 중요한게 볼까요 가독성이죠 왜 눈에 눈의 정보를 이제 위계 질서에 따라서 이렇게 처리를 시켜서 보는 사람들로 하여금 제일 중요한 정보를 직관적으로 볼 수 그렇게 할 수 있도록 디자인을 해줘야겠죠 그럼 한번 수업을 시작해 볼게요(수업 시작)

강의 내용을 요약 정리해 줘.

이번 강의에서는 포토샵을 사용하여 모바일 앱 디자인을 하는 방법을 배웁니다. 먼저, 디자인할 화면을 선택하고 필요한 이미지와 아이콘을 다운로드합니다. 그리고 화면 크기와 해상도를 조정한 후, 앱의 레이아웃을 그리기 시작합니다. 강의에서는 여러 가지 유용한 기능과 단축키를 사용하여 레이아웃을 더욱 쉽고 빠르게 작업하는 방법을 소개합니다. 레이어와 스마트 오브젝트, 그룹화 등의 기능을 이용하여 디자인의 유연성과 수정 용이성을 높입니다. 강의를 마치면 포토샵을 이용하여 모바일 앱 디자인을 시작할 수 있으며, 디자인의 효율성과 유연성을 높일 수 있는 다양한 기능과 작업 방법을 익힐 수 있습니다.

08

최적화를 위한
AIPRM 템플릿
사용 방법은?

Image AI 作
이미 만들어진 템플릿만 콕 찍어!

AIPRM은 챗GPT에 최적화된 확장 프로그램으로, 검색을 최적화하거나 판매, 마케팅, 예술, 프로그래밍 등 다양한 분야의 템플릿을 포함한 선별된 챗GPT 프롬프트 목록에서 사용할 수 있도록 합니다. 이 확장 기능을 사용하면 웹사이트의 검색 엔진 최적화, 마케팅 및 판매를 쉽게 개선할 수 있습니다. 사용자는 AIPRM for ChatGPT을 설치한 다음 특정 아이템에 특화된 도구들을 선택하여 자신의 질문을 좀더 세분화되고 정확한 답변을 얻을 수 있습니다.

01 │ 구글 입력 창에 'AIPRM'을 입력하여 검색한 항목에서 'AIPRM for ChatGPT' 항목을 클릭합니다.

02 │ AIPRM for ChatGPT 화면이 표시되면 [Chrome에 추가] 버튼을 클릭한 다음 AIPRM for ChatGPT 추가를 물어보는 대화상자가 표시되면 [확장 프로그램 추가] 버튼을 클릭합니다.

03 │ 챗GPT를 실행하면 그림과 같이 특정 아이템에 특화된 템플릿들이 항목별로 표시되어 있습니다. 출력되는 문장의 언어와 톤, 스타일도 사용자가 설정할 수 있습니다.

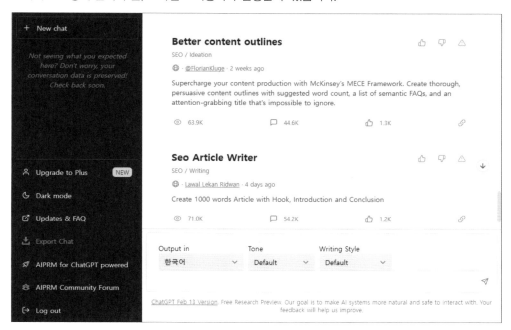

알아두기 크롬 브라우저의 번역 기능

템플릿은 영문으로 표기되어 있으니, 한글로 보려면 크롬 브라우저의 번역 기능을 사용합니다. 브라우저를 이용한 번역 기능은 정확하지 않으므로, 템플릿 확인만으로 사용하고 챗GPT에게 질문을 할 경우에는 (영어)를 선택합니다.

09

인스타그램
게시물을 잘
작성하려면?

Image AI 作
인스타그램의 해시태그, #챗GPT

인스타그램은 사진과 동영상, 게시물의 간결한 글을 이용하여 다른 사용자와 가까워지고, 소통할 수 있는 플랫폼입니다. 인스타그램의 경우 게시물을 작성할 때, 짧고 간결한 메시지나 해시태그를 활용하여 게시물의 인기도를 높이는 것이 중요한데요. 챗GPT를 이용해 인스타그램 콘텐츠를 만들 수 있습니다.

01 │ 인스타그램 아이템을 선택하기 위해 (Instagram post Sescription / caption generator)을 클릭합니다. Output in을 '한국어'로 지정하고, Tone을 'Default'로 지정하였습니다. 입력 창에 '캠핑가서 먹기 좋은 요리'라고 입력하였습니다.

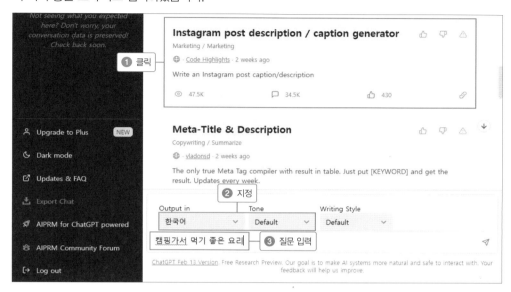

02 │ 다음 그림과 같이 캠핑 요리 주제에 맞도록 인스타그램에 어울리는 구성으로 콘텐츠를 제시합니다.

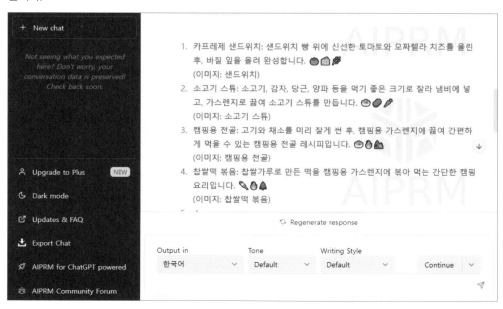

챗GPT에게 인스타그램에 올릴 아이템으로 '캠핑가서 먹기 좋은 요리'를 입력하면, 캠핑 가서 먹을 수 있는 맛있는 요리 아이템을 제시합니다. 다음 단계로는 간단한 요리 레시피와 캠핑에서 먹을 음식을 준비할 때의 요령, 핵심 해시태그 등 인스타그램에 최적화된 구성을 보여 줍니다.

 '캠핑가서 먹기 좋은 요리'

 Instagram 주제 아이디어 예시:

캠핑을 가서 먹을 수 있는 맛있는 요리 레시피

1. **소고기 스튜** – 캠핑용 가스렌지로 만들어도 맛있는 소고기 스튜

2. **캠핑용 전골** – 미리 준비해 놓고 간편하게 끓여 먹을 수 있는 캠핑용 전골 레시피

3. **찹쌀떡 구이** – 캠핑에서 만들기 쉬운 찹쌀떡 구이

4. **바비큐** – 고기, 채소 등을 구워 먹는 음식

5. **스모어** – 구운 마시멜로와 초콜릿을 굽은 그래놀라와 함께 먹는 간식

6. **찜닭** – 양념한 닭고기와 채소를 함께 끓여 먹는 요리

7. **숯불구이** – 꼬치, 마늘 등을 구워 먹는 음식

레시피 예시:

카프레제 샌드위치: 샌드위치 빵 위에 신선한 토마토와 모짜렐라 치즈를 올린 후, 바질 잎을 올려 완성합니다. 🍅🧀🌿(이미지: 샌드위치) ◀— 인스타그램 이모티콘 제안

소고기 스튜: 소고기, 감자, 당근, 양파 등을 먹기 좋은 크기로 잘라 냄비에 넣고, 가스렌지로 끓여 소고기 스튜를 만듭니다. 🍲🥔🥕(이미지: 소고기 스튜)

캠핑용 전골: 고기와 채소를 미리 잘게 썬 후, 캠핑용 가스렌지에 끓여 간편하게 먹을 수 있는 캠핑용 전골 레시피입니다. 🍲🍳⛰(이미지: 캠핑용 전골)

찹쌀떡 구이: 찹쌀가루로 만든 떡을 캠핑용 가스렌지에 구워 먹는 간단한 캠핑 요리입니다. 🍡🍳⛰ (이미지: 찹쌀떡 볶음)

캠핑에서 먹을 음식을 준비할 때는 가스렌지나 화로를 이용하여 간편하게 요리할 수 있는 것들이 좋습니다. 🍳🔥 #캠핑 #캠핑요리 #야영 #camping #campfood #outdoorcooking

10

검색 우선
순위로
올리기 위한
방법은?

Image AI 作
검색 엔진은 챗GPT와 동색!

내가 작성한 블로그나 웹사이트의 방문자 수와 방문 횟수를 높일 수는 없을까? 검색 엔진에서
노출되는 검색어, 검색 순위, 검색량 등의 요소에 따라서 블로그나 웹사이트의 방문자 수와 검
색 순위를 높일 수 있는 중요한 마케팅 전략 중 하나입니다.

AIPRM 확장 프로그램의 Keyword Strategy 템플릿은 키워드 전략을 구현하는 데 도움이 되는
도구입니다. 이를 사용하여 사이트의 검색 엔진 최적화를 향상시키고, 콘텐츠 마케팅 전략을 개
발할 수 있습니다.

검색 엔진에서 노출되기 위해서는 웹사이트나 블로그 등의 온라인 콘텐츠를 검색 엔진에 최적화해야 합니다. 검색 엔진의 알고리즘에 맞게 콘텐츠를 작성하고, 키워드 검색 전략 등의 방법을 사용하여 검색 엔진이 해당 콘텐츠를 인식해야 검색 결과 상위에 노출됩니다. 키워드 검색 전략을 세우기 위해 필요한 Keyword Strategy 기능을 사용해 보겠습니다.

01 ┃ 키워드 전략을 세우기 위해 (Keyword Strategy)를 클릭합니다. Output in을 '한국어'로 지정하고 입력 창에 '머랭 쿠키'라고 입력하였습니다.

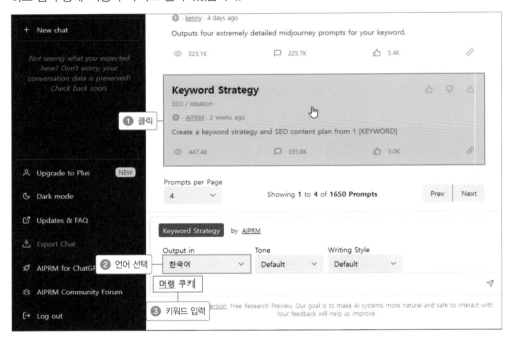

알아두기 키워드 스트래티지 템플릿

키워드 스트래티지(Keyword Strategy) 템플릿은 검색 엔진에서 검색어를 검색하는 방식과 관련하여 다양한 정보를 제공합니다. 이를 통해 키워드의 트렌드와 연관 검색어, 검색어의 난이도 등을 파악할 수 있습니다. 이러한 정보를 기반으로 키워드를 선택하고 콘텐츠를 작성함으로써 검색 엔진 상위 노출에 대한 전략을 구현할 수 있습니다.

02 │ 다음 그림과 같이 '머랭 쿠키'를 주제로 키워드와 검색 의도, 제목, 메타 실행 등 일목요연하게 표로 작성합니다.

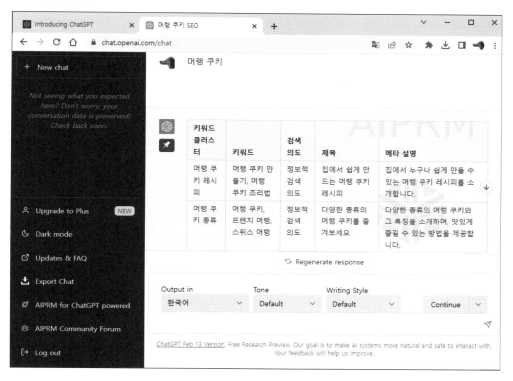

'머랭 쿠키' 키워드는 단연 머랭 쿠키 레시피로, 정보 검색 의도로 사용자들이 검색합니다. '머랭 쿠키 만들기', '머랭 쿠키 조리법'로 검색되며, 제목은 '집에서도 쉽게 만드는 머랭 쿠키 레시피'가 검색 엔진에서는 최적화되어 있는 것을 확인할 수 있습니다.

다음으로는 머랭 쿠키의 종류로 검색하며, '머랭 쿠키', '프렌치 머랭', '스위스 머랭' 등 다양한 종류의 머랭 쿠키를 검색합니다. 이런 식으로 머랭 쿠키를 검색하는 사용자들이 어떠한 키워드와 목적으로 검색하는지를 알면, 머랭 쿠키를 이용한 콘텐츠를 작성할 때 전략적으로 어떠한 방향과 키워드, 제목으로 작성할지 판단할 수 있습니다.

11

특정 콘텐츠
사이트보다
먼저 검색되기
위한 방법은?

Image AI 作
우리 가게 머랭 쿠키를 검색 1등으로!

구글에 내 콘텐츠를 검색하다보면 이미 많은 경쟁 사이트로 인해 내 포스팅이나 기사가 검색되지 않는 경우가 발생하기도 합니다. 같은 주제의 콘텐츠로 경쟁 사이트보다 앞서 검색되기 위한 방법이 없을까? AIPRM 확장 프로그램의 Outrank Article 템플릿은 인공지능 기술을 활용하여 기존에 작성된 글보다 검색 엔진 상위에 노출될 수 있는 키워드를 추천해 주는 기능입니다. 이를 통해 글의 노출과 검색 트래픽을 높일 수 있습니다. Outrank Article 템플릿은 이용하여 경쟁 콘텐츠의 웹사이트를 지정하면, 해당 콘텐츠의 장단점을 분석하고 단점을 보완하여 콘텐츠를 작성합니다.

Outrank Article 템플릿은 검색 엔진 최적화를 위한 키워드 분석 기능 중 하나입니다. 이 기능은 특정 키워드를 대상으로 경쟁 상대인 다른 웹사이트의 기사나 콘텐츠를 분석하여, 어떤 요소들이 검색 엔진 상위 랭킹을 결정하는지 알려줍니다. 이 기능을 이용하면, 상위 랭킹을 차지하는 웹사이트들의 키워드 사용 빈도, 제목 및 내용 구성, 링크 구조 등의 정보를 파악할 수 있습니다. 또한, 해당 키워드와 관련된 다른 키워드들의 사용 빈도와 연관성도 확인할 수 있습니다.

Outrank Article 템플릿은 기사나 콘텐츠 작성자뿐만 아니라, 검색 엔진 최적화에 관심이 있는 모든 사람들에게 유용한 도구입니다. 이 도구를 활용하여 검색 엔진 상위 랭킹을 차지하기 위한 최적의 전략을 수립할 수 있습니다.

01 키워드 전략을 세우기 위해 (Outrank Article)를 클릭한 다음 Output in을 '한국어'로 지정합니다.

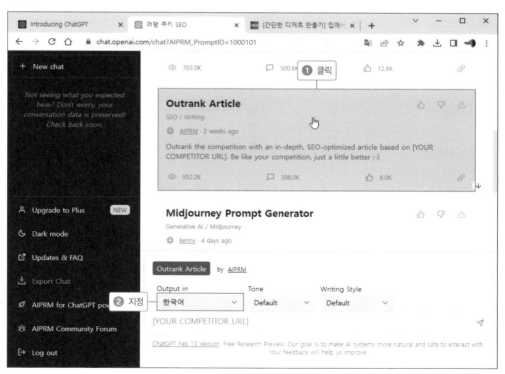

02 | 구글 검색에서 '머랭 쿠키'를 키워드로 검색 순위가 높은 경쟁 사이트를 선택한 다음 클릭하여 해당 사이트를 엽니다.

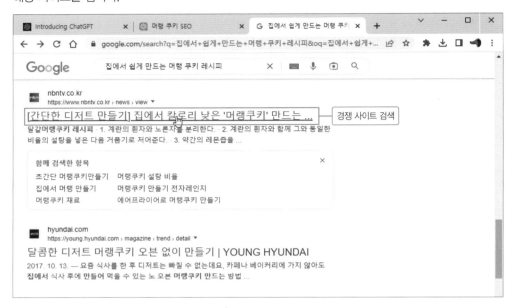

03 | '집에서 간단하게 머랭 쿠키를 만드는 방법'을 소개하는 웹사이트가 표시되면 해당 웹사이트의 주소를 드래그한 다음 [Ctrl]+[C]를 눌러 복사합니다.

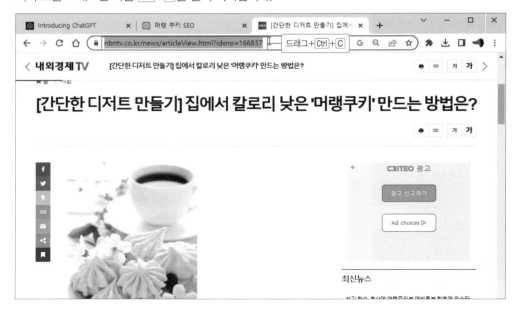

04 | 챗GPT 입력 창에 `Ctrl`+`V`를 눌러 복사해 두었던 경쟁 사이트 주소를 붙여 넣습니다.

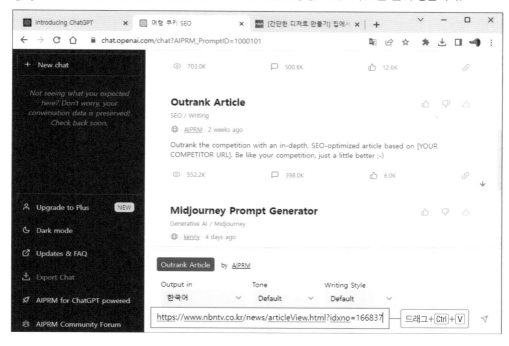

05 | 다음 그림과 같이 경쟁 웹사이트의 장단점을 파악하여 알려주며, 해당 사이트의 단점까지 보완해서 콘텐츠를 작성합니다.

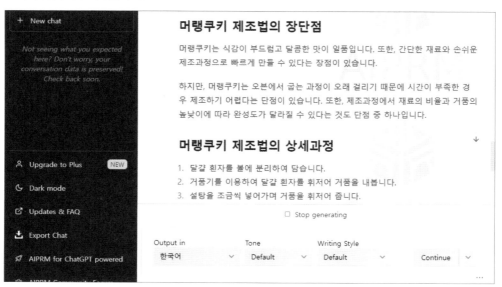

해당 검색 사이트에서는 간단하게 머랭 쿠키를 전자레인지로 만드는 방법을 소개하고 있습니다. 이러한 콘텐츠의 장단점을 파악하여 챗GPT는 보완된 콘텐츠를 제시합니다.

다음은 챗GPT가 검색한 사이트의 콘텐츠를 파악하여 분석한 다음 콘텐츠의 단점을 보완하여 작성한 문장입니다. 검색 사이트에서는 간단하게 머랭쿠키를 만들기 위해 전자레인지를 사용하였지만 챗GPT는 굽는 과정이 오래 걸려 어려울 수 있다는 점과 자세한 레시피가 없다는 것을 보완하여 상세한 머랭 쿠키 레시피를 제공하였습니다.

 검색한 사이트의 분석에 대한 답변

> ❶ 경쟁 사이트의 단점 파악

 머랭 쿠키 제조법에 대한 검색 결과는 다양하지만, 이 레시피는 간단하고 쉬우며, 머랭 쿠키를 만들어보지 않은 분들도 쉽게 만들 수 있는 방법을 소개합니다. ❶ 이번에 제공한 URL의 레시피는 좋은 정보를 제공하지만, 레시피가 적당히 구성되어 있지 않아 정보의 전달력이 떨어집니다. 따라서, 저희는 ❷ 좀 더 자세하고 구체적인 정보를 제공하며, 머랭 쿠키 제조법에 대한 장점과 단점을 알아보고, 검색어에 대한 최적의 정보를 제공할 것입니다.

머랭 쿠키 제조법의 장단점

> ❷ 작성할 사이트의 장점 보강

머랭 쿠키는 식감이 부드럽고 달콤한 맛이 일품입니다. 또한, 간단한 재료와 손쉬운 제조과정으로 빠르게 만들 수 있다는 장점이 있습니다.

하지만, 머랭 쿠키는 오븐에서도 굽는 과정이 오래 걸리기 때문에 시간이 부족한 경우 제조하기 어렵다는 단점이 있습니다. 또한, 제조과정에서 재료의 비율과 거품의 높낮이에 따라 완성도가 달라질 수 있다는 것도 단점 중 하나입니다.

머랭 쿠키 제조법의 상세 과정

머랭 쿠키 레시피를 알려드리겠습니다!

1. 달걀 흰자를 볼에 분리하여 담습니다. 거품기를 이용하여 달걀 흰자를 휘저어 거품을 내봅니다. 설탕을 조금씩 넣어가면 거품을 휘저어 줍니다.
2. 크림 타르타르를 넣고, 계속 거품을 칩니다. 원하는 색상의 식용색소를 넣고, 거품이 빛나도록 잘 섞어줍니다.
3. 머랭백에 반죽을 담아 스프레이하여 쿠키 모양으로 만든 다음 오븐에 넣고, 1시간 정도 구워줍니다.

12

책의 **목차**부터
챕터 원고까지
작성하려면?

Image AI 作
AI 작가의 등단도 이젠 자연스러운 일

챗GPT는 인간 언어의 구조와 뉘앙스를 이해하여 텍스트를 생성하도록 설계되었습니다. 주제가 주어지면 문맥상 적절하고 문법적으로 올바른 다양한 응답을 생성합니다. 챗GPT 를 이용하여 책의 목차 구성과 목차, 내용 구성까지 제작 가능합니다. 특정 정보나 특정 주제로 책을 집필하기 전에 챗GPT가 제시하는 아웃라인이나 내용들을 참조(Reference) 하고 자칫 놓칠 수 있는 정보나 자료 등을 수집, 가공하여 원고를 작성하는 것도 집필의 한 방법일 수 있습니다.

챗GPT로 책을 쓰려면 책의 줄거리나 주제에 대한 자세한 개요를 미리 제공하면 원하는 글에 가깝게 얻을 수 있습니다. 물론 모든 책은 최종 제품이 저자의 기준과 기대치를 충족하도록 상당한 편집과 개선이 필요합니다.

01 | 책 쓰기 아이템을 선택하기 위해 (Write a Complete Book In One Click)을 클릭합니다. Output in을 '한국어'로 지정하고, 톤은 기본값은 'Default'로 지정하였습니다.

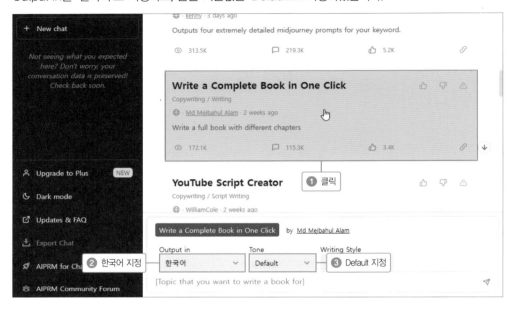

02 | 책의 제목을 입력합니다. 예제에서는 '40대가 알아야 할 성공적인 삶을 위한 비결'이라고 입력하였습니다.

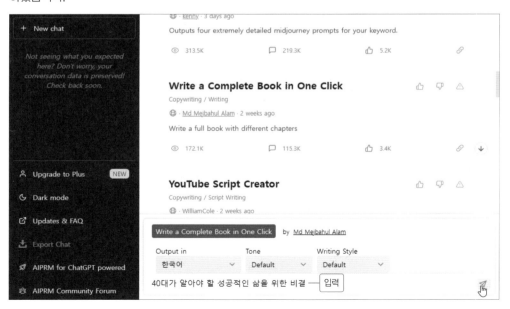

챗GPT를 이용하여 보다 구체적이고 자세하게 문장을 작성하기 위해 AIPRM for ChatGPT를 설치합니다. AIPRM for ChatGPT에서 책을 쓰는 〔Write a Complete Book In One Click〕 기능을 선택하고 출력되는 문장의 언어와 톤을 지정합니다.

챗GPT는 특정 주제로 전체적인 원고의 틀인 챕터를 구성하고, 챕터를 중심으로 책을 읽기 전에 미리 보기 형식의 인트로 글을 작성합니다. 이후 섹션 내용에 맞게 글이 작성됩니다.

 40대가 알아야 할 성공적인 삶을 위한 비결이란 책을 작성해 줘.

 40대가 알아야 할 성공적인 삶을 위한 비결

Book Title: 40대가 알아야 할 성공적인 삶을 위한 비결(The Secrets to a Successful Life that 40-Somethings Need to Know)

Chapter Titles:

1. 40대의 삶과 성공에 대한 이해(Understanding Life and Success in Your 40s)

2. 바빠지는 삶에서 자신을 찾기(Finding Yourself in a Busy Life)

3. 목표를 세우고 계획을 세우기(Setting Goals and Making Plans)

4. 감사와 긍정적인 마인드셋(Gratitude and a Positive Mindset)

5. 건강한 생활 습관(Healthy Lifestyle Habits)

6. 관계의 중요성(The Importance of Relationships)

7. 자기계발과 교육(Self-Development and Education)

8. 돈과 금융 계획(Money and Financial Planning)

9. 스트레스와 불안에 대처하기(Dealing with Stress and Anxiety)

10. 시간 관리(Time Management)

11. 일과 가족의 균형 유지(Maintaining a Work-Life Balance)

12. 취미와 여가 활동(Hobbies and Leisure Activities)

13. 새로운 경험과 도전(New Experiences and Challenges)

14. 공동체와 사회 참여(Community and Social Involvement)

15. 인생의 의미와 목적(Meaning and Purpose in Life)

Book Introduction:

40대는 인생에서 중요한 시기입니다. 어렸을 때부터 꿈꾸었던 것들을 이루기 시작하며, 성취와 실패를 겪으며 자신의 인생 방향성을 다시 한번 돌아보게 됩니다. 이 시기에는 가족, 친구, 직장, 건강, 재정 등 다양한 측면에서의 삶에 대한 관심이 높아지는데요. 그러나 많은 사람들이 이러한 삶의 변화에 대해 불안감을 느끼기도 합니다.

챗GPT가 작성 도중에 문장이 끊길 경우에는 '이어서 작성해 줘'라고 입  력하거나 입력 창 상단의 메뉴에서 〔Continue〕를 선택하여 연결해서 문장을 작성할 수 있도록 요청합니다.

 이어서 작성해 줘.

 그래서 이 책에서는 40대가 성공적인 삶을 살아갈 수 있는 비결을 알아보겠습니다.

이 책은 40대에게 필요한 다양한 주제들을 다룹니다. 자신을 찾는 법부터 시작하여, 목표 설정, 건강한 생활 습관, 관계의 중요성, 돈과 금융 계획, 스트레스와 불안에 대처하는 방법 등 다양한 측면에서 삶의 비결을 제시합니다. 이 책을 통해 40대의 여러분들은 자신의 인생 방향성을 다시 한번 돌아보고, 성공적인 삶을 살아갈 수 있는 다양한 비결과 방법들을 제시합니다.

Chapter 1: 40대의 삶의 이해(Understanding Life in Your 40s)

40대는 인생에서 매우 중요한 시기입니다. 40대는 청춘과 늙음의 중간 지점이라고도 할 수 있습니다. 이 시기에는 청춘의 에너지와 늙음의 지혜가 모두 함께 축적되어 있습니다. 그러나 이 시기에는 청춘과 늙음의 한계를 느낄 수 있는데, 청춘이 가진 무모한 도전과 늙음의 지혜 있는 결단력과 경험이 필요한 시기입니다.

40대에게는 직장에서의 책임과 업무 외적인 삶에서의 책임이 동시에 존재합니다. 또한 가족과 사회적 역할에 대한 부담이 더해져 스트레스가 증가할 수 있습니다. 그러나 이 시기에는 자신의 삶을 조절하고 새로운 도전을 함으로써 풍부하고 성취감 있는 삶을 이끌어갈 수 있습니다. 첫째, 40대는 청춘과 늙음의 절반씩 가지고 있는 시기입니다. 이 시기는 청춘이 가진 육체적인 에너지와 열정이 늙음의 지혜와 안정감을 만날 수 있는 시기입니다. 그러나 동시에 이 시기는 청춘과 늙음의 한계를 느낄 수 있는 시기이기도 합니다. 이 시기에는 청춘이 가진 무모한 도전과 늙음의 지혜 있는 결단력과 경험이 필요한 시기입니다. (중략)

13

유튜브 영상
대본을 잘
구성하려면?

Image AI 作
인트로와 해설, 아웃트로까지!

주제에 맞게 유튜브 영상 대본을 쉽게 작성하기 위한 방법으로, 챗GPT의 유튜브 영상 대본을 작성해주는 기능을 이용하면 편리합니다. AIPRM의 Youtube Video Script PRO 템플릿은 인공지능 기술을 이용하여 유튜브 동영상 제작에 필요한 대본을 생성해 줍니다. 이 템플릿을 사용하면 대본 작성 시간을 절약하고, 보다 쉽게 동영상을 제작할 수 있습니다.

템플릿이 작성해주는 대본은 동영상 제작에 필요한 다양한 요소들을 포함하고 있습니다. 예를 들어, 동영상 제목, 초반부에서의 인트로, 내용 설명, 마무리 등 다양한 부분을 포함하고 있으며, 이를 활용하여 동영상을 보다 전문적이고 효과적으로 제작할 수 있습니다.

01 │ 유튜브 영상 대본을 작성하기 위해 (Youtube Video Script PRO)를 클릭합니다. Output in 을 '한국어'로 지정하고, Tone을 'Default'로 지정한 다음 입력 창에 '분리 불안이 있는 반려견 훈련법' 라고 입력하였습니다.

02 │ 영상 소개 파트와 정보 해설 파트, 영상 마무리 파트로 구분하여 영상 대본 형식으로 표시됩니다.

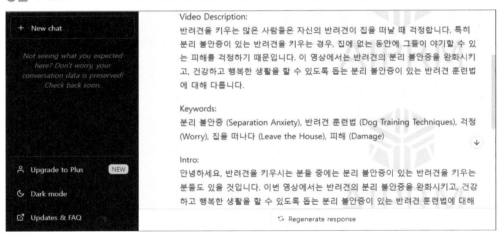

주제에 맞게 영상 설명(Video Description)이 표시되고, 영상에서 인사와 함께 시작되는 부분인 영상 도입부(Intro), 화면에 나타나지 않는 인물이 들려주는 정보 해설 (Voice Over), 영상의 마지막 마무리(Outro) 대본으로 구성되었습니다.

분리 불안이 있는 반려견 훈련법

 Video Title: 분리 불안이 있는 반려견 훈련법

Video Description: 영상 설명

반려견을 키우는 많은 사람들은 분리 불안이라는 문제를 겪고 있습니다. 반려견이 혼자 있을 때 불안해하거나 울어대는 것을 말합니다. 이는 개의 본성에서 비롯된 것이며, 주인이 없을 때 위험을 대처할 수 없기 때문입니다. 하지만, 분리 불안은 해결 가능한 문제입니다. 이 영상에서는 반려견의 분리 불안을 완화시키기 위한 훈련법을 알아보겠습니다.

Keywords: 영상 키워드

반려견(Dog), 분리 불안(Separation Anxiety), 훈련법(Training Techniques), 문제(Problem), 해결(Solution)

Intro: 영상 도입부

안녕하세요, 여러분! 반려견을 키우시는 분들 중에는, 혼자 남겨두면 분리 불안 증상이 나타나는 경우가 있을 것입니다. 이러한 문제는 많은 주인들이 고민하는 문제 중 하나입니다. 이번 영상에서는, 분리 불안 증상을 가진 반려견들을 위한 훈련법을 알아보도록 하겠습니다.

Voice Over: 정보 해설

분리 불안은 반려견이 혼자 있을 때 불안하고 불편한 상태를 말합니다. 이는 개의 본성에서 비롯된 것이며, 주인이 없을 때 위험을 대처할 수 없기 때문입니다. 하지만, 분리 불안은 훈련과 시간을 투자하여 해결 가능합니다.

첫 번째로, 일정한 훈련 스케줄을 만들어 주세요. 반려견은 일정한 습관을 유지하는 것을 좋아하므로, 스케줄을 만들어주면 불안감이 줄어듭니다. 또한, 훈련 스케줄에는 산책과 놀이 시간도 포함시켜 주세요. 반려견은 충분한 운동과 게임을 즐기면서 스트레스를 풀 수 있기 때문입니다.

Outro: 영상 마무리

이번 영상에서는 분리 불안 증상을 가진 반려견들을 위한 훈련법에 대해 알아보았습니다. 반려견이 혼자 있을 때 불안감을 느끼는 것은 개의 본성에서 비롯된 것입니다. 하지만, 우리가 적극적으로 훈련을 진행하면, 이러한 문제는 해결 가능합니다. 여러분도 반려견과 함께 인내심을 가지고 훈련에 참여해보시길 바랍니다. 감사합니다.

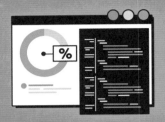

'챗GPT와 비교했을 때 GPT-4는 여러 측면에서 상당한 개선이 이루어졌으며
새 모델은 텍스트뿐만 아니라 이미지도 읽을 수 있다.'

- 일리야 수츠케버 Ilya Sutskever

PART

3

실전! 디자이너 부럽지 않은
이미지 작업

디자인 주제와 콘셉트를 정해주면 AI 도구는 디자인 구성부터 시안
이미지 제작까지 한번에 작업이 가능합니다. 이제 그림 실력이 없어도
키워드나 대화 형식으로 그림 작업도 가능하며, 일반인도 원하는 디자인
결과물을 얻을 수 있습니다. 여기서는 이미지 AI 도구를 이용한 이미지
제작 방법에 대해 소개합니다.

01

AI로 **상상**하는
모든 **이미지**를
얻으려면?

Image AI 作
무료로 만든 그림은 누가 소유권을 갖을까?

원하는 이미지를 얻기 위해서는 이미지 사이트에서 다운로드 받거나 유료로 구입할 수 있습니다. 물론 포토샵에서 이미지를 합성하여 만들 수도 있습니다. AI 기능을 이용하면 손쉽게 원하는 이미지를 제작할 수 있습니다. Stable Diffusion에서 필요한 이미지를 문자로 입력하면 별도의 코드 작업을 하지 않아도 사실적인 이미지를 만들 수 있습니다. 마음에 들 때까지 상상하는 모든 이미지를 고품질의 이미지로 받을 수 있으며, 다양하고 신속하게 이미지를 제작합니다.

일반적인 사진은 요즘 무료 사이트 등에서도 쉽게 구할 수 있지만, 특정한 형태나 주제가 있는 이미지를 구하기는 쉽지 않습니다. 직접 합성 작업을 하거나 그래픽 디자이너에게 요청을 할 수 밖에는 없습니다. 그래픽 AI 프로그램을 이용하면 빠르게 원하는 특정 형태의 이미지 제작이 가능합니다.

우주복을 입은 강아지 이미지를 제작해 보겠습니다. 실제 우주복을 입은 강아지 이미지는 구하기 어렵기 때문에 그래픽 툴로 합성 작업을 해야 하지만 이미지 AI 프로그램을 이용하면 바로 이미지 제작이 가능합니다.

먼저 챗GPT에서 '우주복을 입은 강아지' 문장을 영문 번역한 다음 복사합니다.

 우주복을 입은 강아지 영문 번역

 "A dog wearing a spacesuit"

01 | 번역된 영문을 드래그한 다음 Ctrl+C를 눌러 복사하거나 마우스 오른쪽 버튼을 클릭하여 (복사)를 선택합니다.

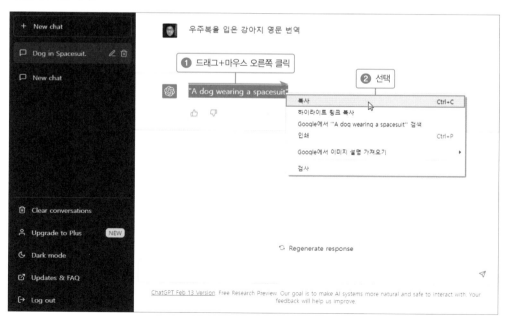

02 │ 브라우저 주소창에 'stablediffusionweb.com'을 입력한 다음 화면이 표시되면 (Get Started Free) 버튼을 클릭합니다.

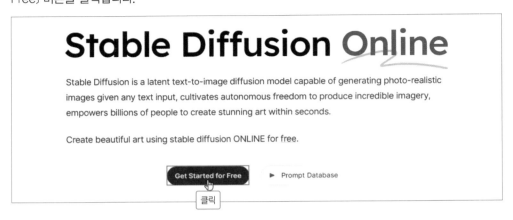

03 │ 입력 창에 Ctrl+V를 눌러 'A dog wearing a spacesuit'을 붙여 넣은 다음 (Generate image) 버튼을 클릭합니다.

알아두기 **복합적인 표현 인식 범위**

Stable Ddiffusion 스크립트 창 하단에는 Advanced Settings 옵션을 제공합니다. Guidance Scale 슬라이드 바를 드래그하여 수치값을 올릴수록 복합적인 표현을 인식하는 범위 정도를 높일 수 있습니다.

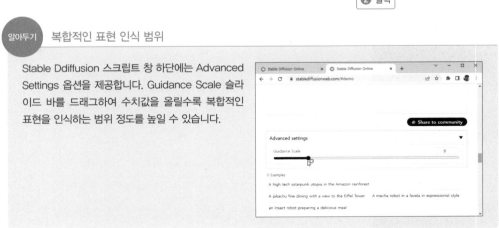

04 그림과 같이 우주복을 입은 강아지 이미지가 제작되었습니다. 제작된 그림이 마음에 들지 않는다면 마음에 드는 그림이 나올 때까지 (Generate image) 버튼을 클릭합니다.

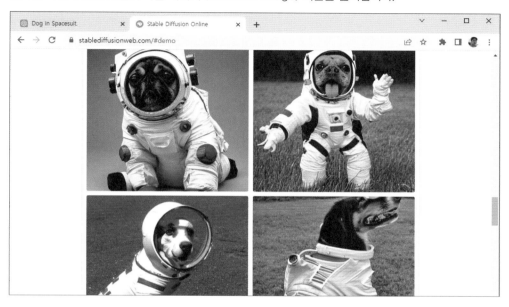

05 마음에 드는 그림이 제작되면 해당 그림을 클릭하여 이미지를 확대합니다.

06 확대된 이미지 위에 마우스 커서를 위치시킨 다음 마우스 오른쪽 버튼을 눌러 〔이미지를 다른 이름으로 저장〕을 선택하여 저장합니다.

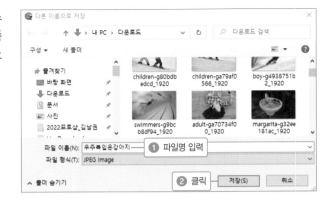

요구사항을 추가해 보겠습니다.

이미지에 배경을 추가해 보겠습니다. 지구 이미지를 추가하기 위해 챗GPT로 '지구를 배경으로 우주복을 입은 강아지'를 영문 번역합니다.

 '지구를 배경으로 우주복을 입은 강아지'를 영문 번역해 줘.

 "A dog wearing a spacesuit with Earth as the background."

07 'A dog wearing a spacesuit with Earth as the background.'를 stablediffusion 입력창에 붙여 넣은 다음 〔Generate image〕 버튼을 클릭합니다.

08 │ 우주복을 입은 강아지 이미지에 지구를 배경으로 우주를 유영하는 이미지가 완성되었습니다.

알아두기 이미지 소스 사용하기

완성된 이미지를 다운로드하여 사용자가 원하는 이미지 소스로 사용이 가능합니다. 다음 그림은 AI가 만든 이미지를 이용하여 블로그 배너 이미지를 만들어 보았습니다. 이미지 소스 제작부터 구성까지 5분 정도 소요되었습니다.

AI를 이용한
이모티콘을
제작하려면?

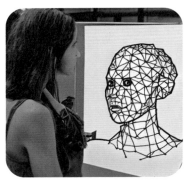

Image AI 作
미드저니, 내 감정을 그려줘!

요즘은 이모티콘을 제작하여 직장인들보다 더 높은 수익을 내는 사용자들이 많습니다. 주로 아이패드를 이용해서 작업을 하는데, 그림 실력이 없다면 현실적으로 이모티콘을 만들기는 어렵습니다. 미드저니(Midjourney) 툴을 이용하여 원하는 정보를 대화식으로 요청을 하면 원하는 그림을 얻을 수 있습니다. 어떠한 프로그램보다 섬세하게 원하는 그림을 제안 형식으로 시각화하며, 추가로 수정 작업이나 추가 작업을 요청하면서 완성도를 단계별로 높일 수 있는 장점이 있는 AI 그림 툴입니다. 미드저니 툴을 이용하면 그림 실력보다는 창의적인 아이디어만으로 이모티콘 제작이 가능합니다.

이모티콘의 사용 목적이 정보의 전달을 시각화하는 개념이므로, '어떠한 캐릭터로, 어떤 정보를 어떻게 제공할 것인가'를 생각하여 이미지를 제작하는 미드저니 툴을 이용하여 작업할 수 있습니다.

AI를 이용한 그림 작업도 텍스트 기반의 AI와 마찬가지로, 요청사항을 추가나 수정하면서 목적에 맞는 그림을 얻어냅니다. 예를 들어, 고양이 이모티콘을 제작할 목적으로 이미지 제작 AI 툴인 미드저니 툴을 사용하여 작업해 보겠습니다.

❶ 고양이를 그려줘.

　　Draw a cat

이렇게 질문할 경우에는 실사 느낌의 고양이부터, 고양이 연필화, 실제 고양이 그림을 그리는 컷 등을 보여 줍니다. 마음에 들지 않는 경우에는 다른 그림을 새로 요청할 수도 있습니다.

❷ 고양이 이모티콘을 그려줘.

　　Draw cat emoticons

실사 느낌의 고양이 그림이 아닌 일러스트 캐릭터 느낌의 그림을 위해 이모티콘을 요청하였습니다. 이모티콘 느낌은 나지만, 좀더 다양한 표정이나 동작이 필요합니다.

❸ 다양한 동작의 고양이 이모티콘을 그려줘.

　　Draw cat emoticons with various movements

이번에는 이모티콘 형태의 다양한 스타일의 고양이 그림을 제작합니다. 2D부터 3D 형태의 고양이와 얼굴 컷 위주나 전신 컷 등 이모티콘 이미지를 제시합니다.

❹ 흰색 배경에 다양한 동작의 고양이 이모티콘을 그려줘.

　　Draw cat emoticons in various motions on a white background.

그림 배경이 밝거나 흰색이면 컬러 수정이나 문자 입력, 기타 합성 작업을 쉽게 처리할 수 있습니다. 따라서 흰색 배경을 넣어달라는 요청을 하였습니다.

❶ 고양이 그림을 요청

❷ 고양이 그림을 다시 요청

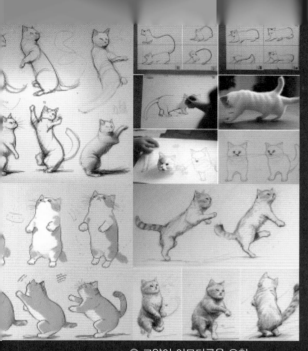

③ 고양이 이모티콘을 요청

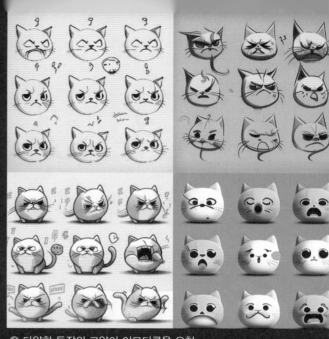

④ 다양한 동작의 고양이 이모티콘을 요청

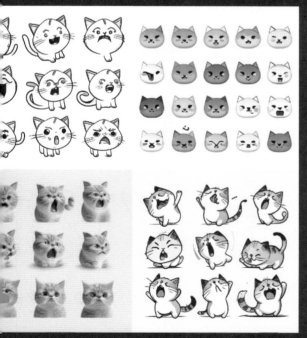

⑤ 4번 고양이 이모티콘 스타일로 요청

⑥ 흰색 배경 위에 다양한 고양이 동작 요청

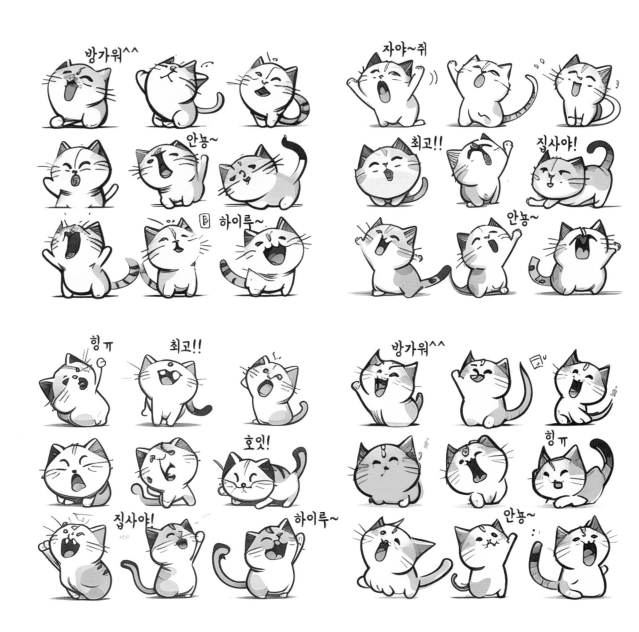

❼ 포토샵에서 컬러 보정과 문자를 입력하여 완성한 고양이 이모티콘

AI 작업룸 입장하기

01 구글 입력 창에 'Midjourney' 를 입력하여 검색한 항목에서 'Midjour ney'를 클릭합니다.

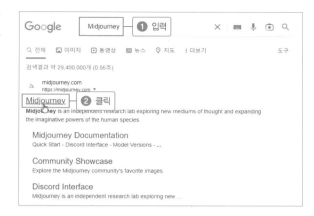

02 AI로 이미지를 제작하는 미드저니 툴을 사용하겠습니다. 미드저니(www.midjourney.com) 사이트에서 [Sign In] 버튼을 클릭합니다.

03 이메일 또는 전화번호를 입력 하고 회원 가입 시 설정한 비밀번호를 입력하고 [로그인] 버튼을 클릭합니다. 만약 새롭게 가입하려면 하단의 '가입하 기'를 클릭하여 먼저 회원 가입합니다.

04 | 로그인 절차를 사용자가 했는지 확인하기 위해 (사람입니다) 체크박스를 클릭합니다.

05 | 이미지로 인증하는 절차가 표시됩니다. 예제에서는 알람 시계가 포함된 그림을 클릭한 다음 (검사) 버튼을 클릭합니다.

> 이미지 인증 절차는 로그인할 때마다 다른 이미지를 표시하고 예시 이미지가 포함된 이미지를 선택하도록 합니다.

06 | 작업이 실행되는 공간으로 이동하기 위해 〔NEWCOMER ROOMS〕를 선택하여 입장합니다. 예제에서는 'newbies−136' 룸을 선택하여 입장하였습니다.

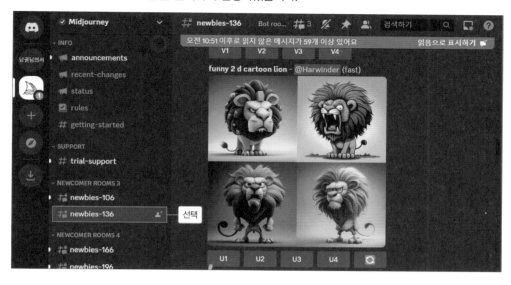

원하는 그림 시안을 위한 명령 입력하기

01 | 하단에 명령을 입력하기 위해 '/imagine'을 입력하면 prompt가 생성되며, prompt 옆에 명령을 입력합니다. 예제에서는 'Draw a cat'이라고 입력하였습니다.

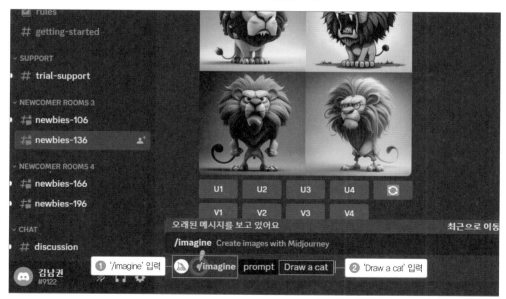

02 | 그림과 같이 4개의 고양이 그림을 제시합니다. 마음에 들지 않아 [새로 만들기(🔄)] 버튼을 클릭합니다.

03 | 다시 새롭게 4장의 고양이 그림을 제시합니다. 고양이 그림을 클릭하면 크게 이미지를 볼 수 있습니다.

> 그림 작업 시간은 컴퓨터의 사양과 인터넷 속도, 그림의 난이도에 따라 차이가 있으며, 채팅방처럼 같은 공간에서 다른 사용자의 그림 결과물도 제시합니다. 따라서 자신의 결과물을 찾기 위해서는 브라우저의 슬라이더바를 드래그하여 이미지 검색을 해야 합니다.

04 | 하단에 명령을 입력하기 위해 '/imagine'을 입력하면 prompt가 생성되며, prompt 옆에 명령을 입력합니다. 예제에서는 'Draw cat emoticons with various movements'라고 입력하였습니다.

05 | 다양한 스타일의 고양이 이모티콘을 제시합니다.

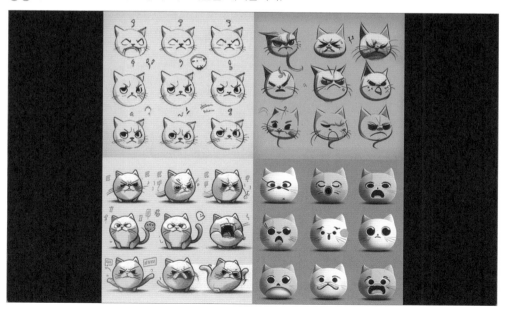

06 | 왼쪽 하단(3번) 이미지에서 발전시켜 보겠습니다. (V3) 버튼을 클릭합니다.

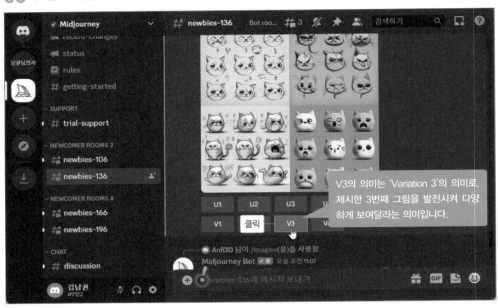

> V3의 의미는 'Variation 3'의 의미로, 제시한 3번째 그림을 발전시켜 다양하게 보여달라는 의미입니다.

07 | 다음 그림과 같이 3번 스타일을 다시 다양하게 변형하여 다시 결과물을 제시합니다.

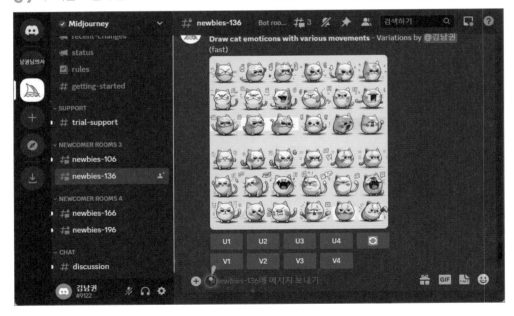

08 │ 합성 작업을 쉽게 처리하기 위해 흰색 배경의 다양한 고양이 이모티콘을 그려 달라는 요청을 하겠습니다. 입력 창에 '/imagine'을 입력한 다음 prompt 옆에 'Draw cat emoticons in various motions on a white background.'라고 입력하였습니다.

09 │ 다음 그림과 같이 훨씬 밝아진 배경에 다양한 고양이 이모티콘 이미지가 제작되었습니다.

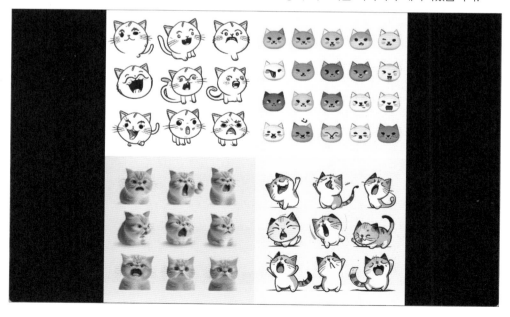

10 | 고양이 이모티콘 스타일에서 4번 그림을 다양하게 받기 위해 (V4) 버튼을 클릭합니다.

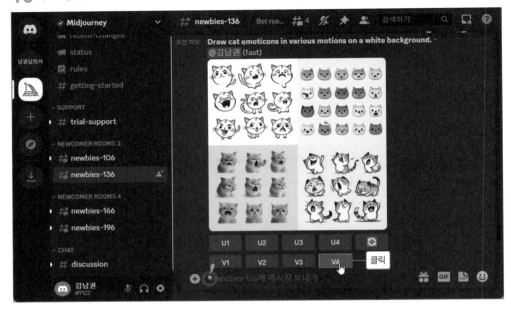

11 | 선택한 고양이 이모티콘 스타일에서 원하는 이미지를 클릭하거나 완성 버튼을 클릭합니다. 예 제에서는 2번 그림을 완성 그림으로 선택하기 위해 (U2) 버튼을 클릭합니다.

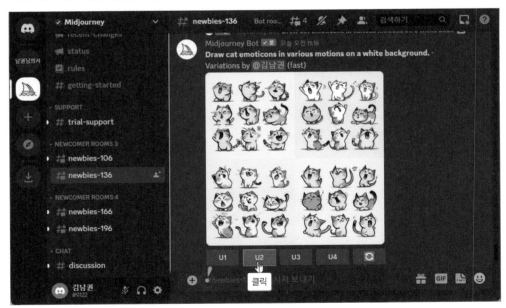

12 | 최종 고양이 이모티콘 그림은 이 스타일로 결정하였습니다. 결정된 이미지는 이모티콘 제작 시 초안이나 소스로 사용할 수 있습니다.

13 | 다음의 그림은 포토샵을 이용하여 컬러 색상을 보정한 다음 문자를 입력하여 '고양이 이모티콘' 시안을 완성하였습니다.

미드저니에서 제시한 고양이 이모티콘의 다양한 동작을 아이디어로, 재미있는 고양이 이모티콘을 완성해 보세요.

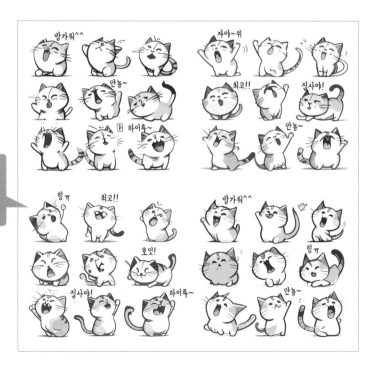

03

로고가 있는
명함 디자인을
만들려면?

Image AI 作
로고부터 슬로건까지 한번에!

디자이너로 취업하거나 취업을 위한 포트폴리오를 작성할 때 명함 디자인은 필수입니다. 명함 디자인에는 단순하게 문자와 이미지만 들어가는 것이 아닌 해당 업체가 하는 일을 디자인으로 표현해야 하기 때문입니다. 브랜드 작업을 도와주는 'AIPRM for ChatGPT'을 이용하여 브랜드 이름과 슬로건을 제안받을 수 있습니다. 제안받은 데이터로 Brand Mark 툴을 이용하여 로고와 타이포 디자인을 구성하여 명함 시안을 제작해 보겠습니다.

디자인의 기본인 명함 디자인을 AI를 통해 만들어 보겠습니다. 먼저 바닷가에 위치한 서점 명함을 디자인하기 위해 챗GPT를 이용하여 서점의 이름과 바닷가 서점과 잘 어울리는 슬로건 문구를 요청해 보겠습니다.

01 ㅣ 구글 입력 창에 'AIPRM'을 입력하여 검색한 항목에서 'AIPRM for ChatGPT' 항목을 클릭하여 프로그램을 확장합니다. 챗GPT를 실행한 다음 브랜드를 만들어 주는 (50+ High Converting & Brand Title Generator)을 클릭합니다.

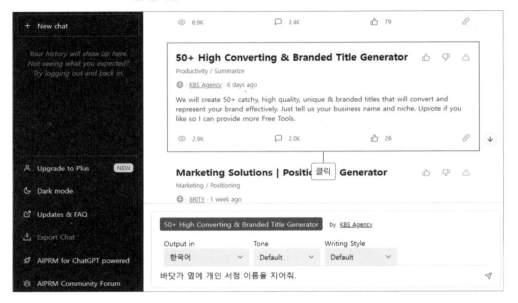

02 ㅣ 다음과 같이 질문하여 서점 명칭과 의미를 제안받았습니다.

 바닷가 옆에 개인 서점 이름을 지어줘.

 당신의 바닷가 서점, 누구나 반할 만한 이름 10가지

　　1. **파도소리 서점**: 책과 파도 소리를 즐기다 ◀ 서점 명칭과 의미 제안

　　2. **모래성 책방**: 개성 넘치는 책과 함께하는 여유로운 시간

　　3. **해변가 서점**: 바다와 함께하는 책의 여운

　　4. **푸른 파도 서점**: 푸른 파도 소리에 휩쓸리는 개인 서점

5. **바닷바람 서점**: 바닷바람과 함께하는 책의 나무

6. **모래사장 서점**: 모래사장에서 펼쳐지는 인생의 이야기

7. **선셋 책방**: 선셋을 바라보며 읽는 당신만의 서점

8. **바다의 서재**: 바다에서 영감을 얻는 당신의 개인 서점

9. **블루 웨이브 서점**: 블루 웨이브와 함께하는 인생의 새로운 시작

10. **바닷가 책사랑**: 바닷가에서 사랑하는 책을 찾다

챗GPT가 제안한 서점 이름에서 2번의 '모래성 책방' 이름이 마음에 들어서 선택하였으며, 서점의 슬로건은 1번의 '책과 파도 소리를 즐기다'로 결정하였습니다. 모래성 책방은 영문으로, 슬로건은 한글로 디자인해 보겠습니다.

AI가 만드는 명함 디자인 제안 받기

01 │ 원하는 스타일의 명함 시안을 제작하기 위해 주소창에 'brandmark.io'를 입력하여 AI 브랜드를 만들어 주는 사이트로 이동합니다. 〔Create my logo〕 버튼을 클릭합니다.

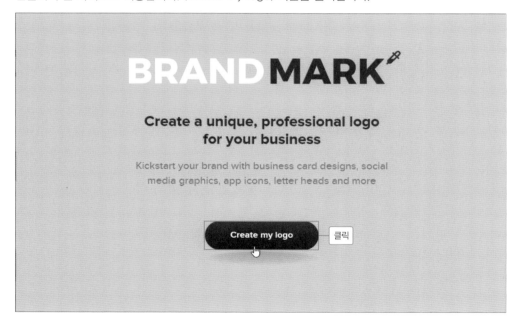

02 │ 브랜드 이름 입력 창에 'Sandcastle Bookstore'를 입력합니다. 슬로건 입력 창에는 챗GPT가 제안한 '책과 파도 소리를 즐기다'를 입력하고 〔>〕 버튼을 클릭합니다.

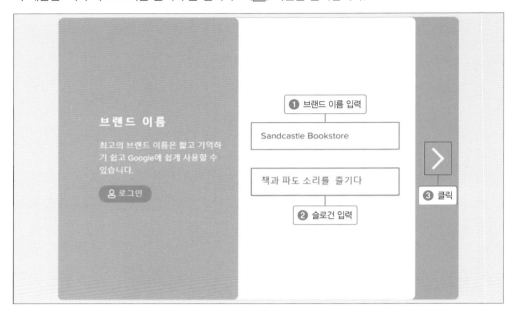

03 │ 브랜드 키워드를 입력하는 화면이 표시되면 입력 창에 연관된 키워드를 입력합니다. 예제에서는 '책', '서점', '모래성', '파도' 키워드를 입력하고 〔>〕 버튼을 클릭합니다.

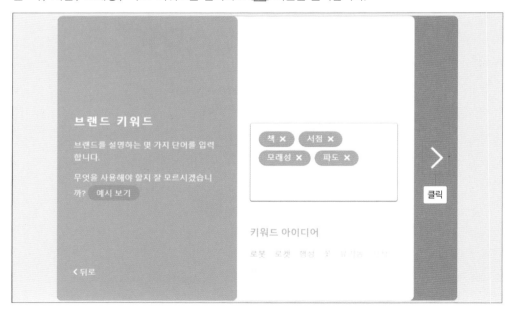

04 색상 스타일은 주제의 분위기에 맞게 선택합니다. 바닷가 서점에서 연상되는 차분하고 심플한 느낌을 선택하기 위해 〔간단한〕을 선택하고 〔▶〕 버튼을 클릭합니다.

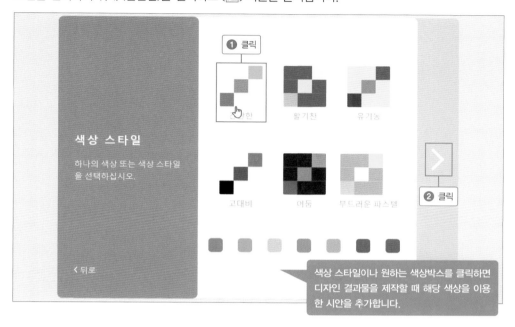

05 지금까지 입력한 정보인 브랜드 이름과 슬로건, 키워드, 색상 스타일 등을 종합하여 AI가 알아서 브랜드를 디자인합니다.

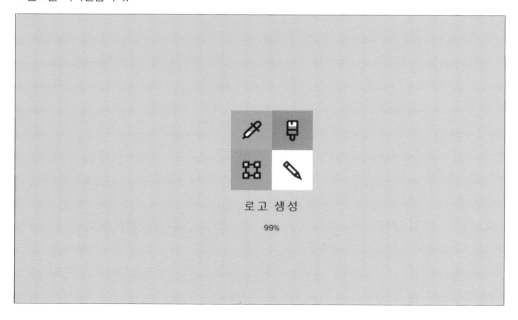

06 | 다음 그림과 같이 AI가 기본적인 디자인을 제안합니다. 오른쪽 디자인 시안을 클릭하면서 원하는 기본 디자인을 검토한 다음 마음에 드는 시안을 선택합니다.

07 | 선택한 기본 시안에서 (레이아웃 아이디어)를 클릭합니다. 디자인 구성 요소들이 재조합되어 다양한 레이아웃 구조를 검토할 수 있으며, 여기에서 레이아웃을 결정합니다.

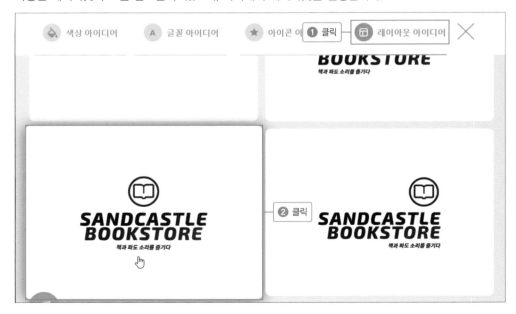

08 | 색상 아이디어를 클릭하면 기본 디자인 제안에서 다양한 컬러를 적용하여 디자인을 제안합니다.

09 | 레이아웃이 결정되었다면 (아이디어) 버튼을 클릭합니다. 이제 컬러와 아이콘 디자인 등 AI가 제안하는 다양한 시안 중에서 원하는 스타일을 선택합니다.

10 │ 〔아이콘 아이디어〕를 클릭하여 주제에 맞는 디자인을 제안받았습니다. 다양한 색상과 아이콘, 레이아웃을 이용하여 사용자가 원하는 명함 로고 디자인을 완성합니다.

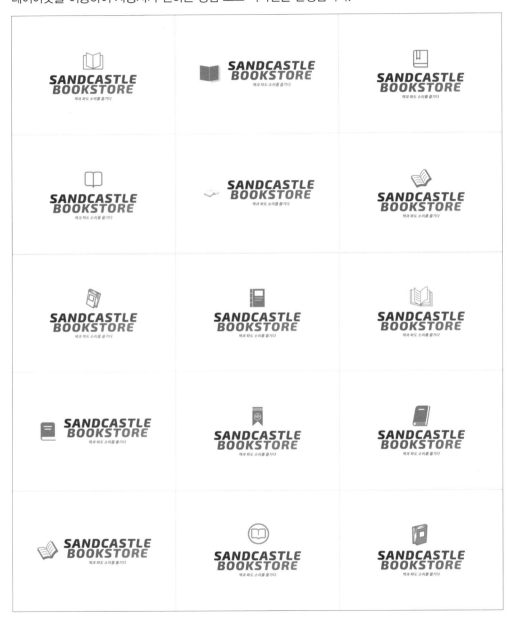

04

브랜드 이름부터
패키지 디자인까지
만들려면?

Image AI 作
어설픈 디자이너보다 좋아!

브랜드를 새로 만드는 작업은 사업 특성에 맞게 사업체 명을 만드는 것부터 다양한 패키징, 홍보
를 위한 홈페이지 등 다양한 시안 작업을 해야 합니다. AI 인공지능을 이용하면 어떤 일을 하는
사업인지만 입력하면 알아서 사업체 명을 제안하고, 주제에 맞는 로고 및 패키지 디자인까지 만
들어 줍니다. 사용자는 다양한 시안과 AI의 아이디어를 참고하여 수정이나 변경이 가능합니다.
Namelix 툴을 이용하면 키워드에 맞게 다양한 브랜드 상호뿐만 아니라 Brand Mark 툴과 연동
하여 웹앱 디자인 시안, 봉투 및 패키징 시안 제작이 가능합니다.

브랜드 색상

#fcf7fb

#e25ba8

#e572b4

#e889c0

#eca1cc

❶ 브랜드 이름을 만들기 위해 카페의 주제를 입력하면 AI는 다양한 카페 이름을 제안합니다.

❷ 카페 이름과 로고를 AI로부터 제안받아 다양한 패키지 아이디어를 제안받습니다.

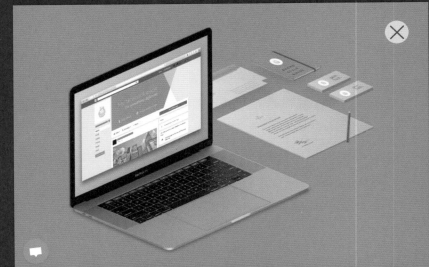

❸ AI로부터 웹페이지부터 앱디자인, 서류 봉투 및 명함 스타일을 제안받습니다.

예제에서는 디저트 카페 브랜드를 만들어 보겠습니다. 마카롱과 컵케이크를 판매하면서 커피를 즐길 수 있는 카페로, 디저트 카페인 만큼 달콤하고 맛있는 카페 브랜드를 만들 계획입니다.

AI로 브랜드 이름 제안 받기

01 | 브랜드를 제작하기 위해 주소창에 'namelix.com'을 입력하여 AI 브랜드 생성기 사이트로 이동합니다. 브랜드 이름을 만들기 위해 키워드 입력 창에 만들 브랜드의 핵심 키워드를 입력한 다음 (Generate) 버튼을 클릭합니다.

02 | 이름 스타일 선택 대화상자가 표시되면 모든 스타일의 이름을 제안받을 수 있도록 (자동)을 선택한 다음 (다음) 버튼을 클릭합니다.

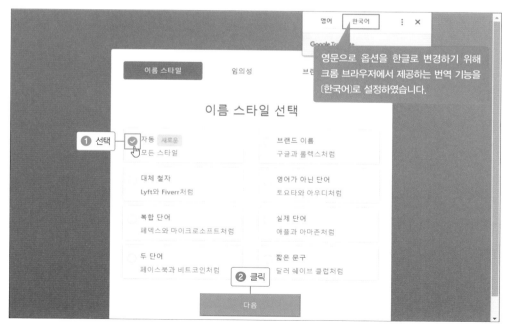

03 | '생성 무작위성 선택' 화면이 나타나면, '균형이 잡힌, 더 창의적인 결과'를 얻기 위해 (중간)을 선택한 다음 (다음) 버튼을 클릭합니다.

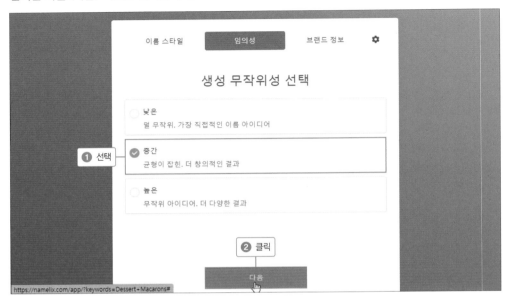

04 | 브랜드 정보 화면이 표시되면 키워드 입력 창과 한 문장으로 입력하는 비즈니스 또는 제품 입력 창이 표시됩니다. 키워드를 'Dessert Macarons', 문장 입력 창에는 'A dessert cafe that server macarons.'라고 입력합니다.

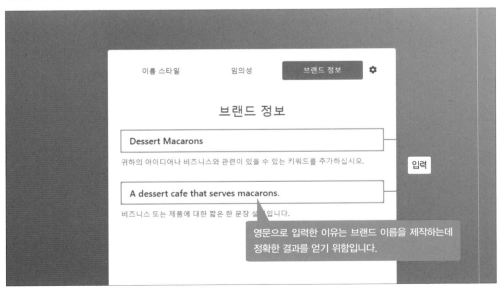

05 다음 그림과 같이 AI가 작성한 브랜드 이름을 제안하면, 마음에 드는 이름을 선택합니다. 달콤한 디저트 카페 콘셉트였기 때문에 'Sugar Doll's Cafe'라는 이름으로 결정하기 위해 해당 이름을 클릭합니다.

브랜드 패키지 작업하기

01 다음 그림과 같이 선택한 브랜드 이름으로 로고를 다양한 형태의 로고를 제시합니다. 마음에 드는 로고를 클릭합니다.

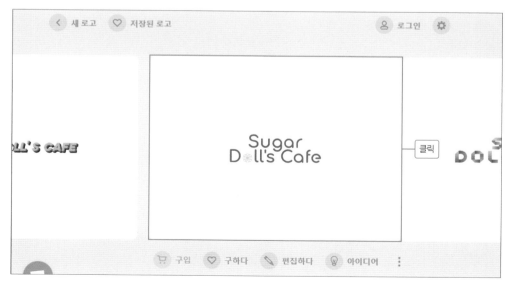

02 │ 핑크색 계열의 카페 로고를 선택한 다음 입력된 문자 부분을 추가 편집하기 위해 〔편집하다〕
버튼을 클릭합니다.

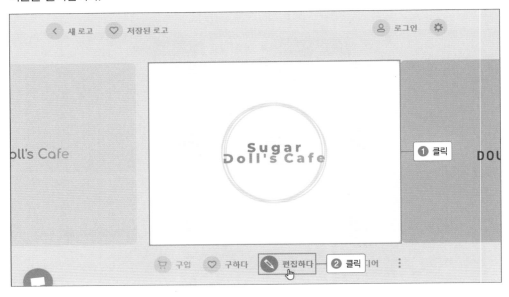

03 │ 〔슬로건〕 탭을 선택하고 슬로건 입력 창에 '맛있는 디저트 카페'라고 입력한 다음 문자 크기를
조정합니다. 카페 이름 하단에 문자가 입력된 것을 확인할 수 있습니다.

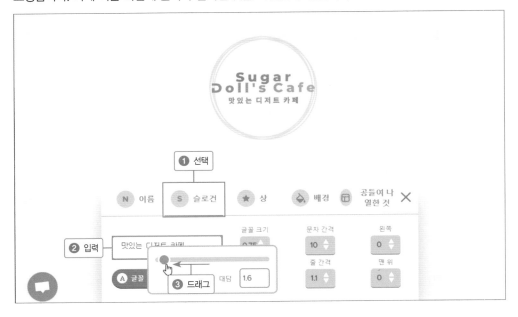

04 입력한 문자에 색상을 지정하기 위해 색상 박스를 클릭한 다음 색상 슬라이더를 조정하여 색상을 지정합니다. 예제에서는 민트색 계열로 지정하였습니다.

05 화면 상단의 (아이콘 아이디어)를 클릭하면 AI가 브랜드 이름에 적합한 다양한 아이콘을 적용하여 제안합니다. 마음에 드는 아이콘을 선택합니다. 예제에서는 컵케이크 아이콘을 선택하였습니다.

06 | 아이콘이 삽입되면 문자 영역이 축소되어 문자 크기를 조정해야 합니다. 예제에서는 〔이름〕을 클릭하여 원 안에 이름이 들어가도록 글꼴 크기를 줄였습니다. 문자 간격도 줄여 아이콘과 문자의 균형이 맞도록 조정합니다.

07 | 브랜드 로고가 완성되었습니다. 완성된 브랜드 로고를 클릭합니다.

08 │ 완성된 브랜드 로고를 이용하여 AI를 통해 다양한 패키징 작업을 제안받기 위해 (+) 버튼을 클릭합니다.

09 │ 디저트 카페에 어울리는 선물 종이백과 패키징 등을 제시합니다. 패키징에 따라 로고 디자인을 변경하여 제안합니다.

10 │ 하단으로 드래그해 보면 브랜드 로고와 색상을 이용한 앱 디자인을 제안합니다. 패키징과 디자인 형태는 다르지만 브랜드 아이덴티티를 유지하면서 앱 디자인 시안을 표현합니다.

11 │ 다시 하단으로 드래그해 보면 웹디자인과 편지지와 편지 봉투, 다이어리 디자인 등 다양한 완성된 브랜드 작업물을 제안합니다.

05

인물 사진에
입체 조명 효과를
적용하려면?

Image AI 作
인물을 살려주는 조명의 힘!

인물 사진은 조명에 따라 얼굴 윤곽선을 살려주기 때문에 입체적이고 개성 있는 사진으로 만들 수 있습니다. 또한 컬러 조명을 이용하여 독특한 느낌을 줄 수 있는데요. 이미 촬영한 사진도 AI가 인물의 이목구비를 인식하여 조명 효과를 적용할 수 있습니다. 조명을 인물의 상하좌우에 이동시켜 인물 얼굴에 따른 그림자와 윤곽선을 변화시킬 수 있으며, 조명의 색상을 변경하여 다양한 그래픽 효과를 줄 수 있습니다.

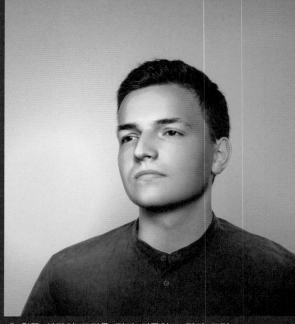

❶ 왼쪽 상단에 강한 흰색 형광 조명으로 이마에 반사광과 배경이 흰색으로 표현

❷ 왼쪽 상단의 조명을 멀리 이동하고 컬러 조명 사용하여 은은한 조명 효과를 표현

❸ 인물 얼굴의 오른쪽 하단으로 조명 이동으로 윤곽 그림자가 왼쪽 상단에 형성

❹ 컬러 조명을 파란색으로 통일하여 전체적으로 차분한 느낌의 인물 사진 표현

조명 이동과 색상 변경하기

01 │ 주소 창에 'clipDrop.co/relight'를 입력하면 사진에 조명을 재설정할 수 있는 화면이 표시됩니다. 하단의 예제에서 남성 인물 이미지를 클릭합니다.

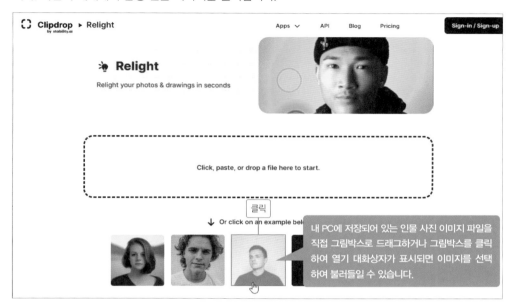

02 │ 작업 창에 왼쪽 상단에 설치된 조명으로 촬영한 인물 사진이 표시됩니다. 기본적으로 4개의 조명이 설치되어 있는 것을 확인할 수 있습니다.

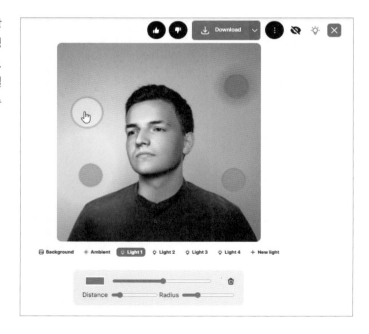

03 │ 인물 사진의 왼쪽 상단의 조명을 클릭합니다. 하단에 선택된 조명의 색상과 거리, 반경을 지정할 수 있는 옵션이 표시됩니다.

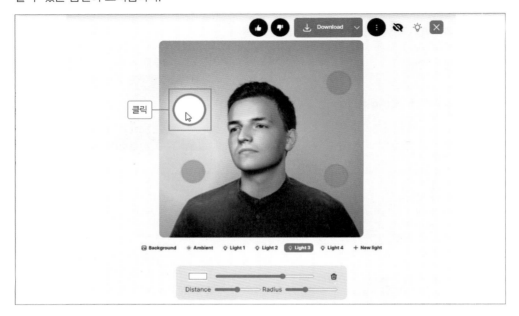

04 │ 왼쪽 상단의 조명을 인물 얼굴의 오른쪽 하단으로 드래그하여 이동하면 실제 조명을 옮긴 것처럼 인물 얼굴의 윤곽이나 그림자가 변경되는 것을 확인할 수 있습니다.

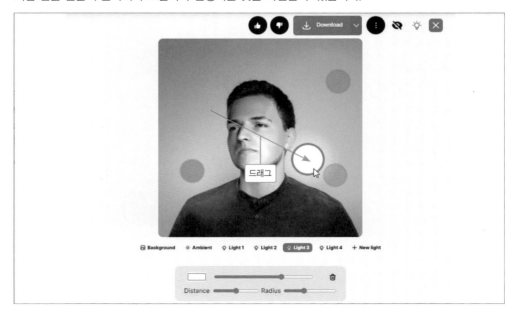

05 원상태로 조명을 왼쪽 상단으로 이동시킨 다음 오른쪽 상단의 조명을 클릭합니다. 선택된 조명의 옵션이 표시됩니다. 조명 색상을 변경하기 위해 색상 박스를 클릭합니다.

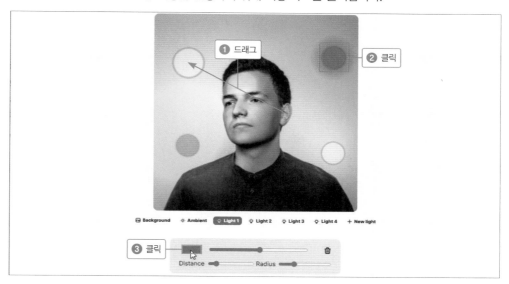

06 색상 대화상자가 표시되면 파란색으로 수정하기 위해 슬라이더를 드래그하여 파란색을 지정하거나 RGB 색상값을 입력합니다. 조명색이 변경되면 배경색도 변경되는 것을 확인할 수 있습니다. 작업 이미지를 저장하기 위해 〔Download〕 버튼을 클릭하여 PC에 저장합니다.

06

불필요한
이미지를
제거하려면?

Image AI 作
추가하는 것보다 지우는 작업이 어려워!

이미지에서 필요 없는 부분이나 특정 부분만 지워야할 경우 간단하게 생각할 수 있지만 의외로 어려운 작업입니다. 특정 부분을 지우기는 쉽지만 지워진 부분의 배경도 대부분 같이 지워지기 때문입니다. 이러한 경우 AI 기능을 사용하는데, 인공지능이 배경 부분을 인식하여 삭제된 영역에 주변의 배경을 자연스럽게 채워 넣어야 하기 때문입니다.

Cleanup 기능을 이용하면 별도의 합성 작업을 하지 않고, 제거하려는 부분을 지우개 도구로 드래그하면 이미지가 제거됩니다. 지워진 영역을 AI 기능으로 주변 이미지를 인식하여 동일하게 채워 줍니다.

❶ 사진에서 인물을 지우고, 인물 자리에 AI가 배경을 자연스럽게 채워 완성합니다.

❷ 디자인 작업을 위해 운동화에 기존의 마크나 프린팅된 부분을 삭제하였습니다.

❸ 자동차 사진에서 배경 부분만 삭제하여 자동차만 이미지로 추출하였습니다.

특정 디자인 요소 삭제하기

01 | 특정 요소를 지우기 위해 주소창에 'clipdrop.co/cleanup'를 입력합니다. 작업할 이미지를 드래그하는 이미지 입력 창과 예제로 작업할 수 있는 이미지가 표시됩니다. 운동화 이미지를 클릭합니다.

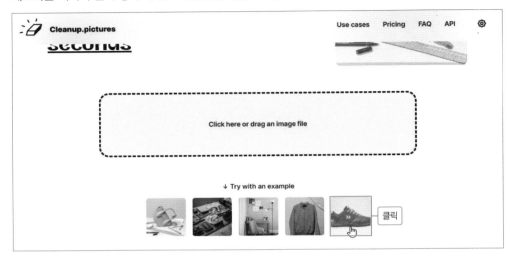

02 | 운동화 이미지 작업 창이 표시됩니다. Zoom 슬라이더를 드래그하여 운동화를 확대합니다. 운동화 로고와 프린트된 디자인 요소를 삭제해 보겠습니다.

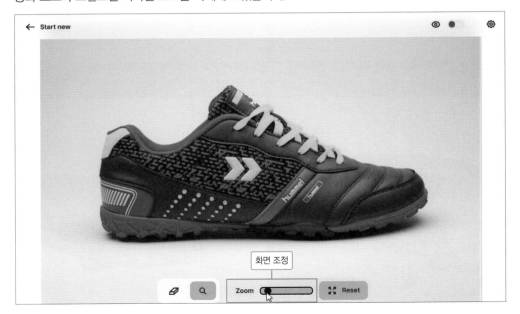

03 | 먼저 운동화 로고를 삭제하기 위해 지우개 도구를 클릭한 다음 로고 부분 영역을 여유 있게 드래그합니다.

04 | 자동으로 운동화 로고가 삭제되면서 로고가 있던 영역에 운동화의 직물 재질이 채워진 것을 확인할 수 있습니다.

05 | 같은 방법으로 지우개 도구로 운동와 하단에 프린트된 도트 형태의 프린트 디자인 요소와 오른쪽의 탭 요소를 드래그합니다.

06 | 도트 형태의 프린트 디자인 요소와 문자가 있는 탭 요소가 삭제되고 가죽 재질의 배경이 지워진 영역에 채워진 것을 확인할 수 있습니다.

디카로 촬영한 사진에서 인물 지우기

01 | PC 폴더에 저장되어 있는 디카 사진을 이미지 입력 창으로 드래그합니다(소스 파일: 사진.jpg). 개와 인물이 같이 정원에 있는 사진으로 인물만 감쪽같이 지우는 작업입니다.

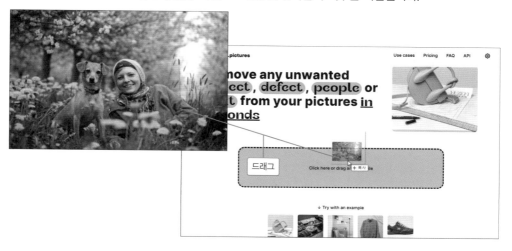

02 | HD 이미지로 저장할 것인지, SD 이미지로 계속 작업을 진행할 것인지 묻는 대화상자가 표시되면 (Continue with SD) 버튼을 클릭합니다.

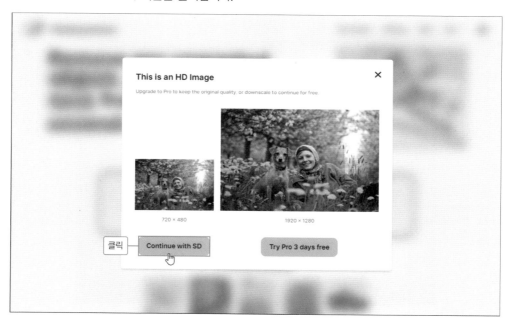

03 개와 인물이 작업 창에 표시되었습니다. 지우개 도구를 클릭한 다음 Brush 슬라이더를 드래그하여 브러시 크기를 크게 조정합니다.

인물을 지우기 위해서는 브러시 크기를 키워야 합니다. 지우려는 영역이 넓으면 브러시 도 크게, 영역이 작으면 작은 브러시로 크기를 조정하면 편리합니다.

❶ 클릭
❷ 브러시 크기 조정

04 다음 그림과 같이 지우개 도구로 오른쪽 인물 부분을 드래그하여 영역을 지정합니다. 마찬가지로 인물이 충분히 채워지도록 영역을 드래그합니다.

드래그

05 ┃ 인물이 지워지면서 인물이 있던 영역을 AI가 인식하여 풀과 나무 이미지로 채워 자연스러운 사진이 되도록 구성합니다. 완성된 사진을 내 PC에 저장하기 위해 (Download) 버튼을 클릭합니다. 작업 파일이 PC로 다운로드됩니다. 다운로드된 파일은 내 PC의 다운로드 폴더에 저장됩니다.

배경을 지워 특정 이미지 추출하기

01 ┃ 특정 이미지를 제외한 배경 이미지를 지우는 방법을 알아봅니다. 웹사이트 하단에 (Remove background)를 클릭합니다.

02 | 배경 삭제 작업 창(lipdrop.co/remove-background)이 표시됩니다. 하단의 예제에서 자동차 이미지를 클릭합니다.

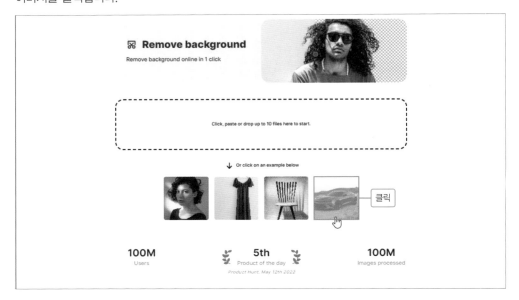

03 | 자동차 사진에서 황량한 배경 부분만 제거해 보겠습니다. 제거 방식은 마치 문을 열듯이 이미지의 오른쪽 변형점을 왼쪽으로 드래그합니다.

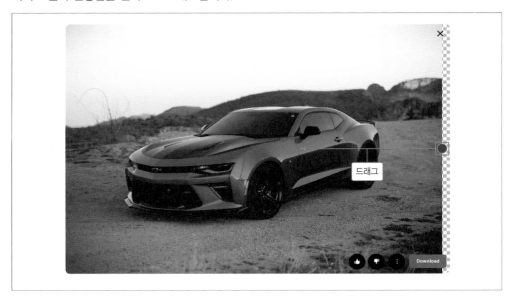

04 │ 다음 그림과 같이 AI가 자동차는 그대로 둔 상태에서 드래그하는 정도에 따라 배경 이미지가 삭제되는 것을 볼 수 있습니다. 삭제된 영역은 바둑판 형식의 체크 무늬 영역이 표시됩니다.

체크 무늬는 투명 영역을 의미합니다. 투명 영역은 이미지를 합성할 때 유리처럼 투명하여 자연스럽게 합성할 수 있다는 의미이기도 합니다.

05 │ 왼쪽으로 끝까지 드래그하면 다음 그림과 같이 자동차를 제외한 배경 이미지가 삭제되고 투명 영역으로 표시된 것을 볼 수 있습니다. 하단의 〔Download〕 버튼을 클릭하여 작업 이미지를 PC에 저장합니다.

투명 영역으로 지정된 이미지는 이미지 화면에서는 흰색으로 표현됩니다. 포토샵으로 불러들일 경우에는 다시 체크 영역으로 표시됩니다.

클릭

07

촬영한
인테리어 사진을
다양하게 만들려면?

Image AI 作
각도 수정 요청은 다시 촬영하라는 의미!

디자인 작업에서 시안의 다양화를 위한 베리에이션(Variation) 작업은 필수입니다. 디자인 선택을 폭넓게 하고, 예상하지 못한 결과물이 채택되는 경우도 많기 때문입니다. 촬영한 사진도 마찬가지입니다. 촬영한 사진의 구도와 분위기를 변경시키려면 재촬영 방법 이외에는 방법이 없었습니다. 그만큼의 시간과 비용이 드는 것은 당연한 일이기도 합니다. 이러한 번거로운 작업을 최소화하기 위해 원본 사진의 구도와 컬러, 소품 등을 AI가 추가하거나 변형하여 다양한 사진으로 만들 수 있습니다.

인테리어 사진을 다양화하기

01 │ 주소창에 'clipdrop.co/stable-diffusion-reimagine'를 입력합니다. 사진을 다양화할 수 있는 화면이 표시됩니다. 예제 샘플을 확인하기 위해 하단의 인테리어 사진을 클릭합니다.

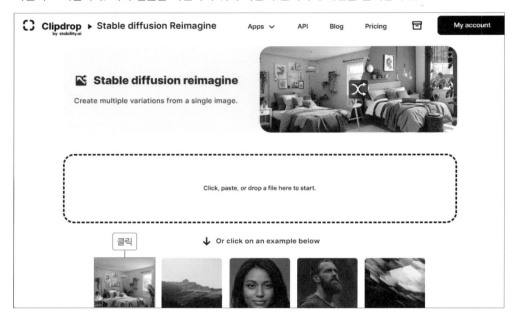

02 │ 다음 그림과 같이 원본 사진을 기준으로 다양한 변형된 사진을 보여 줍니다. 변형된 사진이 마음에 들지 않는다면 다시 이전 단계로 이동한 다음 원본 사진을 클릭하여 새롭게 AI가 제시한 사진을 확인합니다.

03 │ 조명의 위치나 색상을 변경해 보겠습니다. 마음에 드는 이미지를 선택한 다음 〔⋮⋮〕 버튼을 클릭하여 표시되는 팝업 메뉴에서 〔Relight〕를 선택합니다.

04 │ 이미지가 너무 클 경우 SD 모드로 내 PC에 다운로드하기 위해, 이미지 크기를 선택하는 대화 상자에서 〔Downscale & Continue〕를 클릭합니다.

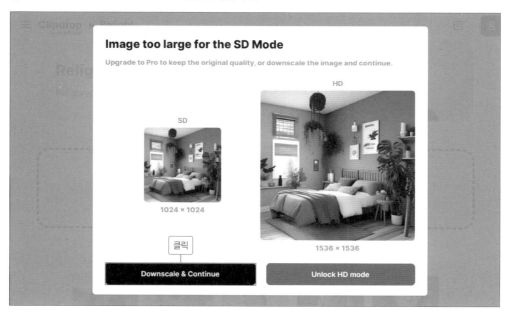

05 | 다음 그림과 같이 조명을 설치할 수 있는 화면이 표시되면 왼쪽 상단의 조명을 클릭합니다. 침실의 아늑한 느낌을 표현하기 위해 색상 박스를 클릭하여 노란색 조명으로 변경합니다. 작업이 끝나면 (Download) 버튼을 클릭하여 저장합니다.

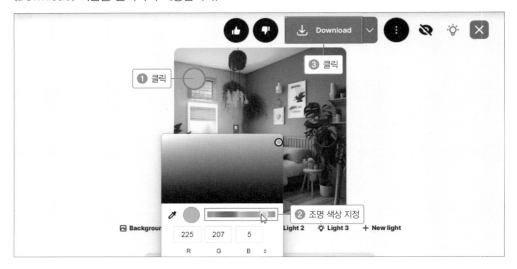

06 | 첫 번째 이미지는 왼쪽 상단에 노란색 조명을 설치한 사진이며, 두 번째 이미지는 오른쪽 하단으로 조명을 이동하여 완성하였습니다.

평면 사진인데도 조명의 위치를 이동시키면 마치 3D 이미지처럼 조명으로 인한 가장 밝은 영역과 그림자 영역이 표현됩니다.

08

잘려 나간 이미지를
완벽하게
복원하려면?

포토샵 센세이 AI 作
포토샵 속에 숨은 AI 기능 ❶

포토샵 CC 2024의 AI 생성형 이미지 채우기 기능을 이용하면 잘려진 이미지나 특정 이미지를 확장할 경우 빈 공간에 이미지를 예측하여 이미지를 생성하여 채웁니다. 전통 방식으로 이미지를 생성하여 채우기 위해서는 복잡한 이미지 합성과 변형 작업이 필요했지만, AI 기능을 이용하면 몇 번의 클릭만으로도 완벽하게 이미지 복원이 가능해졌습니다. 예제에서는 잘려진 카멜레온 이미지를 확장하여 꼬리 부분까지 완벽하게 복원하는 방법을 알아보겠습니다.

알아두기 포토샵 최신 무료 버전 설치

포토샵의 최신 버전을 설치하기 위해 어도비 홈페이지(http://adobe.com/kr)에 접속합니다. 메뉴에서 '도움말 및 지원'을 클릭한 다음 〈다운로드 및 설치〉 버튼을 클릭하고 〈무료 체험판〉 버튼을 클릭하여 포토샵을 설치합니다.

잘린 이미지 복원하기

01 │ 포토샵을 실행한 다음 원본 사진인 카멜레온 이미지(소스 파일: 카멜레온.jpg)를 불러옵니다. 뒷다리와 꼬리 부분이 잘린 사진을 확인할 수 있습니다. 이미지를 확장하기 위해 Layers 패널의 자물쇠 아이콘을 클릭하여 해제합니다.

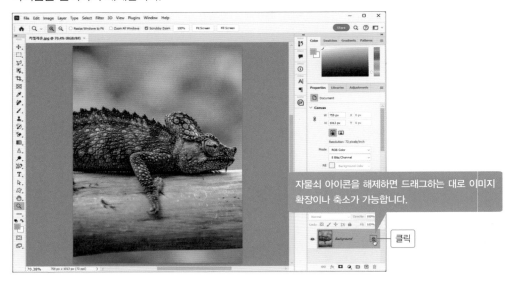

> 자물쇠 아이콘을 해제하면 드래그하는 대로 이미지 확장이나 축소가 가능합니다.

클릭

02 │ 옵션바의 Fill 옵션이 'Generative Expand'로 지정한 다음 확장시킬 공간을 만들기 위해 이미지의 왼쪽 변형점을 왼쪽으로 드래그합니다. 그림과 같이 영역이 생성되면 Enter를 누릅니다.

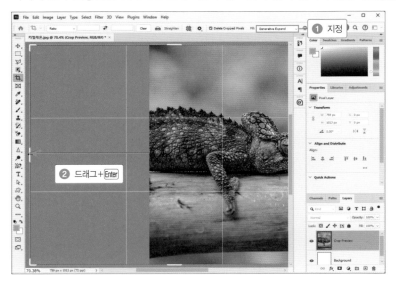

① 지정

② 드래그＋Enter

03 │ 그림과 같이 빈 영역에 잘렸던 카멜레온의 뒷다리와 꼬리 부분, 배경 이미지 등이 생성되어 채워진 것을 확인할 수 있습니다.

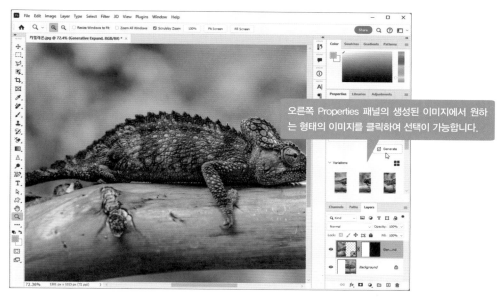

오른쪽 Properties 패널의 생성된 이미지에서 원하는 형태의 이미지를 클릭하여 선택이 가능합니다.

04 │ 마음이 드는 이미지가 생성되지 않았다면 Properties 패널의 〈Generative〉 버튼을 클릭하여 다시 이미지를 생성합니다. 이 버튼을 클릭할 때마다 이미지가 생성되며, 원하는 이미지가 생성될 때까지 사용이 가능합니다.

클릭

09

포토샵에서
문자로 이미지를
생성하려면?

포토샵 센세이 AI 作
포토샵 속에 숨은 AI 기능 ❷

포토샵 CC 2024에서는 새롭게 제공하는 프롬프트 입력창에 생성하려는 이미지를 표현하는 단어나 문자를 입력하여 이미지를 생성할 수 있습니다. 프롬프트를 입력할 때는 애매하고 긴 문장보다는 명확하고, 간결하게 생성하려는 이미지를 키워드로 표현해야 사용자가 원하는 이미지를 정확하게 만들 수 있습니다. 문장 입력 형식은 단어부터 형용사가 포함된 구체적인 문장도 가능합니다. 불필요한 문구나 문장은 입력하지 말고, 명확하고 구체적으로 원하는 이미지를 표현하여 이미지를 얻어 보세요.

❶ 원본 인물 이미지

❷ 거리 배경 확장과 경찰복을 생성한 이미지

❸ 군복으로 인물의 의상을 변경한 이미지

❹ 소방복으로 인물의 의상을 변경한 이미지

배경과 인물 복장 생성하기

01 포토샵을 실행한 다음 원본 사진인 도로에 서 있는 인물 이미지(소스 파일: 여성3.jpg)를 불러옵니다. 세로 이미지를 가로 영역을 확장하기 위해 (Image) → Canvas Size를 실행하여 With 값을 '1600'으로 지정하고 〈OK〉 버튼을 클릭합니다.

02 양쪽으로 이미지가 확장된 것을 확인할 수 있습니다. 옵션바에서 Add to selection 아이콘을 선택한 다음 사각 선택 도구로 양쪽된 확장된 영역을 연속으로 드래그하여 선택 영역으로 지정한 다음 〈Generative Fill〉을 클릭한 다음 〈Generative〉를 클릭합니다.

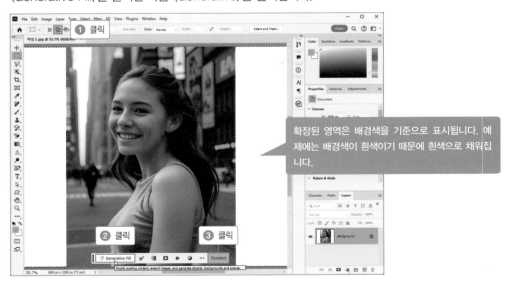

확장된 영역은 배경색을 기준으로 표시됩니다. 예제에는 배경색이 흰색이기 때문에 흰색으로 채워집니다.

03 │ 이미지가 확장되어 건물과 도로 형태의 이미지로 영역이 확장된 것을 확인할 수 있습니다. 인물의 의상을 변경하기 위해 사각 선택 도구로 그림과 같이 인물의 상의 부분을 드래그하여 선택 영역으로 지정합니다.

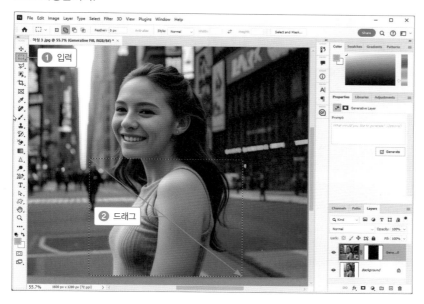

04 │ 〈Generative Fill〉을 클릭한 다음 프롬프트 입력창에 '경찰복'으로 입력한 다음 〈Generative〉를 클릭합니다.

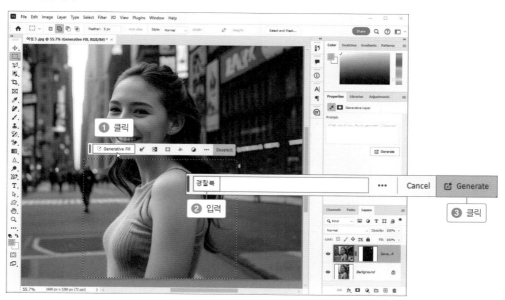

05 | 그림과 같이 경찰복 이미지가 생성되면서 인물과 자연스럽게 합성된 것을 확인할 수 있습니다. 마찬가지로 인물의 머리 부분을 드래그하여 선택 영역으로 지정합니다.

06 | 프롬프트 입력창에 '경찰모자'라고 입력한 다음 〈Generative〉를 클릭합니다. 그림과 같이 인물의 머리 부분에 경찰 모자가 생성된 것을 확인할 수 있습니다. 다양한 의상 이름을 입력하여 이미지 의상을 변경해 보세요.

10

동안부터 **노안,**
머리숱까지
변경하려면?

포토샵 센세이 AI 作
포토샵 속에 숨은 AI 기능 ❸

인물 사진을 촬영한 후 미소를 짓거나 좀더 어려보이게 보였으면 하는 바램이 있을 것입니다. 포토샵에서는 센세이 AI 기능을 이용해 인물을 어리게 보이도록 수정하거나 더 나이들어 보이게도 만들 수 있습니다. 뿐만 아니라 행복한 표정부터 놀란 표정, 화난 표정까지 다양한 표정으로 수정할 수 있으며, 머리숱 조정까지 가능합니다.

포토샵이 사진에 특화된 프로그램인 만큼 자연스러운 합성은 기본입니다. 포토샵에는 어도비 센세이 AI 기능을 제공하고 있어서 작업자가 직접 합성 작업을 하지 않고도 간단하게 원하는 형태로 변형 또는 합성이 가능합니다. 예제에서는 촬영한 사진을 이용하여 다양한 표정의 사진을 만들어 보세요.

❶ 원본 인물 이미지

❷ 웃는 표정으로 수정한 인물 이미지

❸ 머리숱을 풍성하게 만든 이미지

❹ 나이들어 보이게 만든 인물 이미지

인물 표정과 머리숱, 나이 조정하기

01 포토샵을 실행시킨 다음 원본 사진인 인물 이미지를 불러옵니다(소스 파일: 여성2.jpg). 이미지를 다양하게 연출하기 위해 (Filter) 메뉴에서 (Neural Filters)를 실행합니다.

02 PORTRAITS의 Smart Portrait 옵션을 선택하면, 포토샵 AI가 인물의 눈코입과 머리카락 등을 인식합니다. Be Happy! 슬라이더를 드래그해 수치값을 높이면 가상의 치아와 함께 웃는 표정으로 수정됩니다.

03 머리숱을 풍성하게 변경시키기 위해 Hair thickness 슬라이더를 오른쪽으로 드래그하여 볼륨감을 높입니다. 얼굴은 동안으로 작게 만들기 위해 Facial age 슬라이더를 왼쪽으로 드래그하여 수치값을 낮춥니다.

04 이번에는 나이든 얼굴을 표현하기 위해 Facial age 슬라이더를 최대한 오른쪽으로 드래그하여 수치값을 높입니다. 머리카락 색상부터 얼굴의 주름까지 적용되어 나이든 노안 얼굴이 만들어졌습니다.

포토샵 최신 버전은 adobe.com/kr에서 무료 체험 버전을 다운로드하여 설치가 가능합니다. 월간 구독으로 유료 버전도 사용이 가능합니다.

11

봄, 여름, 가을, 겨울
계절 변화를
만들려면?

포토샵 센세이 AI 作
포토샵 속에 숨은 AI 기능 ❹

계절이나 장소, 촬영 시간에 따라 전혀 다른 분위기의 사진을 얻을 수 있습니다. 포토샵의 센세이 AI를 이용하면 계절이나 시간에 상관없이 분위기 연출이 가능합니다. 포토샵에서 제공하는 Landscape Mixer 기능을 이용하면 포토샵에서 제공하는 프리셋 선택만으로도 자연스러운 이미지 연출이 가능합니다.

세밀하게 조정이 가능한 옵션도 제공하고 있으므로, 별도의 어려운 합성 작업 없이 간단하게 원하는 이미지를 연출해 보세요.

❶ 원본 이미지

❷ 눈 내린 겨울 스타일

❸ 잔디 깔린 봄 스타일

❹ 햇빛 강한 정오 스타일

계절과 시간에 맞는 분위기 연출하기

01 │ 포토샵을 실행시킨 다음 원본 사진인 도로에서 촬영한 자동차 이미지를 불러옵니다(소스 파일: 광고.jpg). 이미지를 다양하게 연출하기 위해 (Filter) 메뉴에서 (Neural Filters)를 실행합니다.

02 │ CREATIVE의 Landscape Mixer 옵션을 선택한 다음 Presets 옵션에서 눈 쌓인 이미지로 연출하기 위해 설경 이미지를 클릭합니다.

03 │ 다음 그림과 같이 변형된 이미지를 확인해 보면 마치 눈이 쌓인 듯한 건물과 거리의 자동차가 연출되었습니다.

04 │ 이번에는 Presets 옵션에서 푸릇푸릇한 봄 분위기의 초원 이미지를 클릭합니다.

05 다음 그림과 같이 도로에도 잔디가 자라나 있는 이미지를 연출합니다. 또한 자동차 크롬 부분이나 유리창에도 연두색의 잔디가 반사된 것처럼 합성되어 자연스러운 이미지가 연출되었습니다.

06 늦은 저녁 어수름한 분위기를 연출하기 위해 Presets 옵션에서 저녁 노을 이미지를 클릭하면 마치 저녁 노을의 붉은 빛이 거리와 자동차에 반사된 색상까지 완벽하게 연출되었습니다.

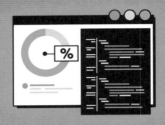

'GPT-4는 텍스트 넘어 동영상까지 AI 민주화가 목표이다.'

- 샘 알트만 Sam Altman

PART

숏폼부터 유튜브 영상
제작 활용하기

영상 제작은 영상을 구성하는 스토리보드부터 영상 소스, 배경 이미지, 자막과 타이틀, 배경 음악 등 작업 과정이 복잡하고, 작업 시간도 긴 편입니다. 유튜브 영상의 경우에는 자신의 얼굴 노출에 부담감도 작용하여 쉽게 접근하기 어렵기도 합니다. 여기서는 AI 영상 편집 도구를 이용하여 누구나 쉽게 영상물을 작업할 수 있는 다양한 편집 기능을 소개합니다.

01

짧고 인상적인
숏폼 영상을
만들려면?

Video AI 作
짧고 빠르게, 그리고 강렬하게 숏폼!

숏폼 영상은 주로 모바일 기기에서 시청되는 짧은 동영상으로, 짧은 시간 동안 정보를 전달해야 하기 때문에, 내용이 간결하고 명확해야 합니다. 시청자가 쉽게 이해할 수 있는 내용을 선택하고, 직관적인 구성으로 표현해야 합니다. 숏폼 영상에서는 시간이 짧기 때문에, 주목을 끌 수 있는 독특하고 창조적인 아이디어가 필요합니다. 또한, 시청자가 기억에 남을 만한 요소들을 추가하여 인상을 남기는 것이 중요합니다. 예제에서는 챗GPT를 이용하여 노래 가사를 만든 다음 AI가 추천하는 영상과 AI 내레이션을 이용하여 숏폼 영상을 만들어 보겠습니다.

videostew
THIS IS A TRIAL VERSION

**유용하게 보셨다면
구독, 알림설정 부탁드려요 :)**

▶ SUBSCRIBE

❸ 구독 알림 설정을 요청하는 엔딩 화면

❶ 점점 또렷해지면서 맥박이 뛰듯이 영상이 확대 축소가 반복되는 인트로 영상

❷ 한줄씩 노래 가사가 표시되면서 AI 내레이션과 배경 음악이 재생되는 영상

숏폼 영상 스크립트 작성하기

01 숏폼 영상을 제작하기 위해 웹 브라우저의 주소 입력 창에 'videostew.com'을 입력한 다음 비디오 스튜 메인 화면이 표시되면 [지금 무료로 제작 시작하기] 버튼을 클릭합니다.

02 회원가입 화면이 표시되면 이메일과 이름, 비밀번호를 입력하여 회원 가입을 합니다. 예제에 서는 SNS 계정으로 가입하기 위해 [구글로 회원 가입]을 클릭합니다.

03 | 회원가입 완료 화면이 표시되면 (계속 진행) 버튼을 클릭합니다. 회사 정보 입력 창이 표시되면 회사 정보를 설정한 다음 (확인) 버튼을 클릭합니다.

04 | 영상을 만들기 위해 (+ 새로 만들기) 버튼을 클릭합니다. 예제에서는 트라이얼 버전으로 영상을 제작합니다.

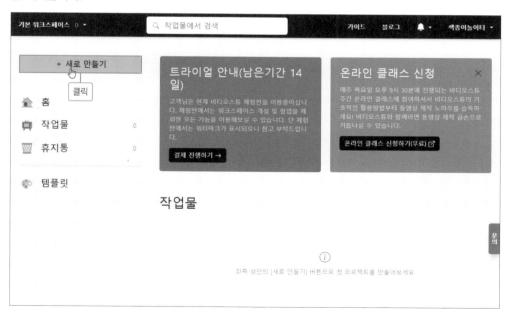

05 | 위자드 모드 대화상자에서 프로젝트 제목을 묻는 입력 창이 표시되면 '댄스 챌린지'라고 입력한 다음 (다음) 버튼을 클릭합니다.

06 | 본문 텍스트를 입력하여 영상을 제작할 것인지, 본문이 있는 URL로 제작할 것인지 선택하는 화면이 표시됩니다. 예제에서는 (본문 텍스트)를 확인하고 (다음) 버튼을 클릭하였습니다.

07 │ 텍스트 입력 창이 표시되면, 음악 가사나 콘텐츠 내용을 입력하고 (다음) 버튼을 클릭합니다. 예제에서는 챗GPT를 이용하여 만든 음악 가사를 한 줄로 입력합니다.

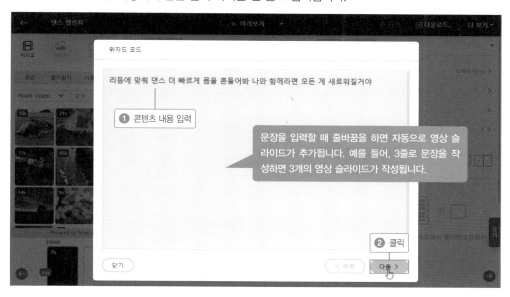

AI가 추출한 키워드 영상과 AI 내레이션 설정하기

01 │ 노래 가사에 맞게 AI가 검색한 영상 선택창이 표시됩니다. 추천 키워드에서 '댄스'를 선택하고 가장 어울리는 영상을 클릭한 다음 (다음) 버튼을 클릭합니다.

02 | 설정 옵션 창이 표시되면 숏폼 영상 크기를 설정하기 위해 (프로젝트 크기)를 클릭합니다. 사이즈 설정 대화상자가 표시되면 (1,080×1,920(9:16))을 클릭하고 (확인) 버튼을 클릭합니다.

03 | AI 내레이션을 설정하기 위해 AI 내레이션 이름을 클릭합니다. AI 내레이션 설정 대화상자에서 원하는 내레이션을 선택한 다음 속도 옵션의 슬라이더를 드래그하여 발음 속도를 지정하고 (확인) 버튼을 클릭합니다.

04 텍스트 글씨체를 지정하기 위해 (텍스트)를 클릭하고 글씨체 설정 대화상자에서 어울리는 글씨체를 선택한 다음 (완료) 버튼을 클릭합니다.

05 프로젝트 크기와 내레이션, 텍스트 글씨체 등 설정이 마무리되면 (완료) 버튼을 클릭합니다.

타이틀과 인트로 영상 만들기

01 │ 첫 번째 슬라이드가 선택된 상태에서 문자박스에 타이틀 이름을 입력합니다. 예제에서는 '댄스 챌린지'라고 입력하였습니다.

02 │ 부제목에는 '힙합 댄스'라고 입력하였습니다. 첫 번째 타이틀 슬라이드가 완성되었습니다.

03 │ 불필요한 슬라이드를 삭제하기 위해 두 번째 슬라이드의 팝업 버튼을 클릭한 다음 (삭제)를 클릭합니다.

04 │ 두 번째 인트로 영상을 클릭한 다음 왼쪽 동영상 스톡에서 인트로 영상으로 사용할 댄스 영상을 클릭합니다. 마치 맥박이 뛰듯이 영상이 커졌다가 작아지는 영상으로 만들기 위해 제자리 효과 옵션에서 (맥박)을 선택합니다.

본영상과 앤딩 영상 만들고 파일 저장하기

01 ┃ 세 번째 영상 슬라이드를 클릭하면 입력한 가사가 표시된 영상을 볼 수 있습니다. 상단의 [미리보기]를 클릭하면 노래 가사가 한 줄씩 표시되는 것을 확인할 수 있습니다.

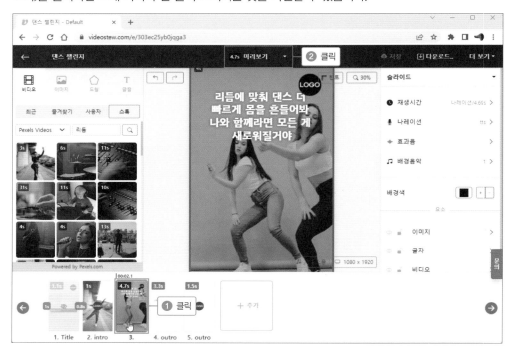

02 ┃ 영상에 배경 음악을 적용하기 위해 오른쪽 메뉴에서 [배경음악]을 클릭합니다.

03 기본 배경음악을 변경하기 위해 [변경]을 클릭한 다음 왼쪽의 음악 항목에서 원하는 음악을 선택하고 [확인] 버튼을 클릭합니다.

04 구독과 알림 설정을 부탁하는 마지막 엔딩 화면은 그대로 둔 상태에서 영상 제작 설정을 마무리합니다. 영상을 저장하기 위해 [저장]을 클릭합니다.

05 다운로드 대화상자가 표시되면 비디오 영상 파일로 저장하기 위해 (렌더링) 버튼을 클릭합니다. 렌더링이 진행되면서 영상 파일로 내 PC에 저장됩니다.

06 저장된 영상을 재생하면 완성된 숏폼 영상을 확인할 수 있습니다.

02

카드뉴스
유튜브 영상을
만들려면?

Image AI 作
유튜브 동영상도 AI 영상 편집가에게!

카드뉴스 영상을 만들기 위해서는 자료를 정리한 다음 관련된 이미지를 검색하고, 자막이나 음성을 넣어 완성하게 됩니다. 좀 더 빠르게 카드뉴스 영상을 제작하는 방법이 없을까? 챗GPT로 자료를 정리한 다음 브루(Vrew) 툴로 AI 음성 변환과 자막, 이미지 소스를 이용하여 간단하게 카드뉴스 편집이 가능합니다.

브루(Vrew) 툴의 특징은 문장을 스크립트로 사용하기 위해 붙여 넣으면, 자동으로 문장을 구분하여 자막을 만들고, 사용자가 원하는 AI 성우의 목소리 스타일로 음성 지원이 되는 점입니다. 자막 작업이나 음성 작업은 상당히 시간과 비용이 드는 작업이지만, Vrew를 이용하면 사용자가 쉽고 간단하게 멀티미디어 형태의 영상 제작이 가능합니다.

카드뉴스 스타일의 영상은 이미지나 영상, 텍스트로 이루어진 정보 전달 방식 중 하나로, 짧고 간결하게 내용을 전달하는 방식입니다. 온라인 매체나 모바일 앱에서 많이 사용되며, 뉴스, 정보, 광고, 교육 등 다양한 분야에서 활용됩니다. 최근 카드뉴스 스타일의 영상은 유튜브 영상에서 많이 볼 수 있습니다. 특히 정보 전달을 위한 유튜브 영상의 경우 카드뉴스 스타일의 영상은 메인 타이틀과 자막 형태, 참고 이미지 및 영상을 체계적으로 보여 줄 수 있기 때문입니다.

예제에서는 건강 유지에 관한 동영상 카드 뉴스 영상을 만들어 보겠습니다. 먼저 챗 GPT를 이용하여 스크립트에 사용할 문장을 정리합니다.

 건강 유지 방법에 대해 알려줘.

 건강을 유지하는 것은 매우 중요합니다. 다음은 건강 유지를 위한 몇 가지 방법입니다.

1. 규칙적인 운동

운동은 체중 감량 및 근육 증가와 같은 물리적 이점을 제공하는데 도움이 됩니다. 건강을 유지하려면 하루에 적어도 30분 이상의 운동을 권장합니다.

2. 건강한 식습관

영양가 있는 음식을 먹는 것은 건강을 유지하는 데 매우 중요합니다. 채소, 과일, 고기, 생선 및 미네랄이 풍부한 음식을 권장합니다.

3. 충분한 수면

충분한 수면은 몸의 회복과 재생에 매우 중요합니다. 대부분의 성인은 하루 7~8시간의 수면이 필요합니다.

4. 스트레스 해소

스트레스는 건강에 해로울 수 있습니다. 건강한 스트레스 관리 기술, 예를 들어 요가, 명상 또는 태극권과 같은 운동을 통해 스트레스를 줄일 수 있습니다.

5. 건강 검진

규칙적인 건강 검진은 건강한 삶을 유지하는 데 매우 중요합니다. 혈압, 혈당, 콜레스테롤 수치 등을 검사하여 조기 발견 및 예방할 수 있습니다.

① 규칙적인 운동

규칙적인 운동

운동은 체중 감량 및 근육 증가와 같은 이점을 제공하는데 도움이 됩니다

② 건강한 식습관

건강한 식습관

채소, 과일, 고기, 생선 및 미네랄이 풍부한 음식을 권장합니다

③ 충분한 수면

충분한 수면

대부분의 성인은 하루 7-8시간의 수면이 필요합니다

④ 스트레스 해소

스트레스 해소

건강한 스트레스 관리 기술, 예를 들어 요가, 명상 또는 태극권과 같은 운동을
통해 스트레스를 줄일 수 있습니다

⑤ 건강 검진

건강 검진

규칙적인 건강 검진은 건강한 삶을 유지하는 데 매우 중요합니다

문장을 인식하여 목소리와 자막으로 구분하기

01 │ 구글 입력 창에 'Vrew'를 입력하여 검색한 다음 검색한 항목에서 '영상 편집을 자동자막과 함께-Vrew' Voyagerx.com 사이트로 이동합니다.

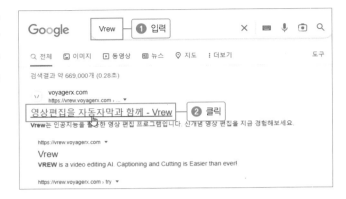

02 │ Vrew 메인 화면이 표시되면 프로그램을 설치하기 위해 〔무료 다운로드〕를 클릭합니다.

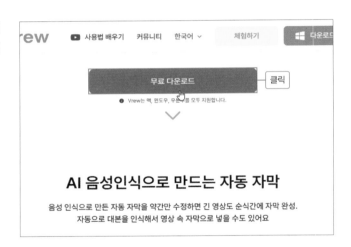

03 │ 다운로드된 실행 파일을 더블클릭하여 프로그램을 실행합니다. Vrew 화면이 표시되면 상단의 〔새로 만들기〕를 클릭한 다음 〔AI 목소리로 시작하기〕를 클릭합니다.

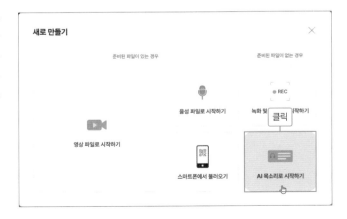

04 | 챗GPT의 답변을 드래그하여 복사한 다음 스크립트 입력 창에 붙여 넣습니다. AI 목소리 설정을 위해 [목소리 설정]을 클릭합니다.

05 | AI 목소리 설정 대화상자가 표시되면 원하는 언어와 목소리를 선택합니다. 성별부터 연령대까지 AI 목소리를 선택할 수 있습니다. 선택되었다면 [확인] 버튼을 클릭합니다.

06 | 설정이 완료되었다면 '확인' 아이콘(⏎)을 클릭합니다.

알아두기 미리듣기

스크립트로 사용할 텍스트로 붙여 넣었다면 맞춤법이나 띄어쓰기를 확인해야 합니다. AI 목소리로 음성이나 자막이 그대로 적용되기 때문입니다. 또한 목소리 설정 후에도 [미리듣기]를 눌러 검토 후 설정을 완료합니다.

07 | 다음 그림과 같이 자동으로 문장을 인식하여 목소리와 자막으로 구분합니다. 목소리 수정은 음절별로 수정이 가능하며 음절을 클릭하여 삭제하거나 새롭게 입력이 가능합니다.

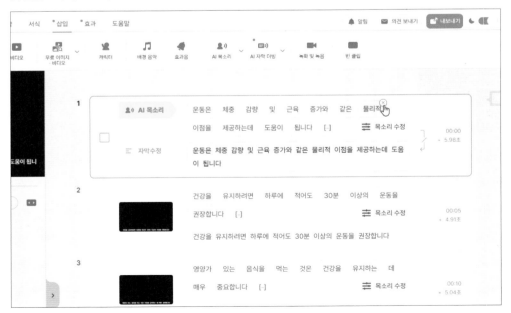

08 자막의 문장도 드래그하여 삭제하거나 추가로 입력하여 자막 수정이 가능합니다.

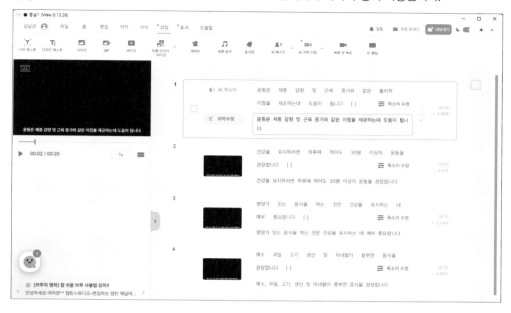

배경 이미지 삽입과 문자 입력하기

01 하나의 주제로 묶을 문장의 체크 박스를 체크 표시하여 연결한 다음 배경 이미지를 넣기 위해 [이미지]를 클릭합니다.

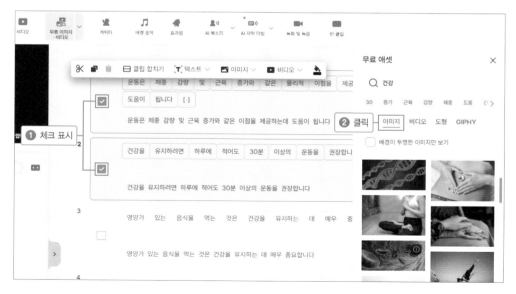

02 무료 이미지를 사용하기 위해 무료 에셋의 검색 창에서 '건강'이라고 입력한 다음 어울리는 이미지를 클릭하여 적용합니다. 미리 보기 화면에서 적용된 이미지의 위치나 크기를 조정합니다.

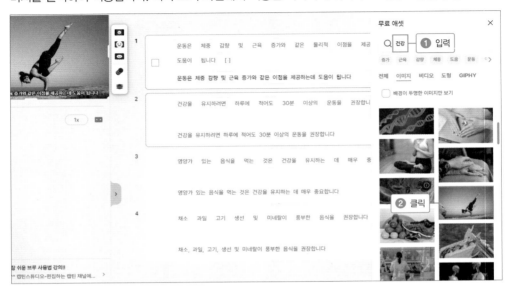

03 타이틀이 동일하게 적용될 문장의 체크 박스를 체크 표시한 다음 메인 타이틀을 입력하기 위해 [기본 텍스트]를 클릭합니다.

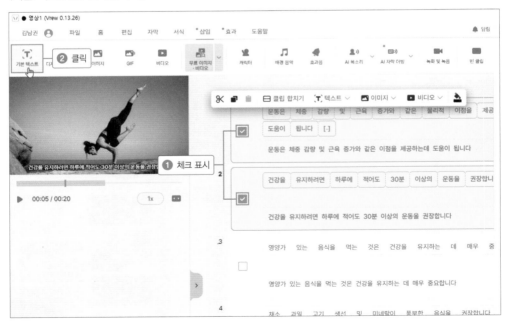

04 | 예제에서는 '규칙적인 활동'이라고 입력했습니다. 입력한 글자는 크기와 효과 등을 적용할 수 있습니다.

동영상과 배경 음악 삽입하여 완성하기

01 | 이번에는 3번째와 4번째 문장의 체크 박스를 체크 표시한 다음 배경에 동영상을 넣기 위해 (비디오)를 클릭합니다. 주제가 음식이므로, 검색 창에 '음식'을 입력하여 동영상을 클릭합니다.

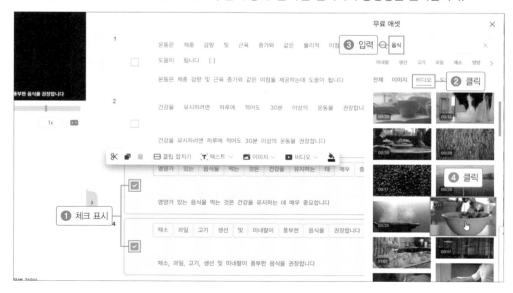

02 동영상이 적용되었습니다. 마찬가지로 타이틀을 입력하기 위해 [기본 텍스트]를 클릭하고 '건강한 식습관'이라고 입력하였습니다.

03 배경 음악을 삽입하기 위해 상단 메뉴에서 [배경 음악]을 클릭합니다. 오른쪽 화면의 [무료 음악]에서 주제에 어울리는 음악을 선택하고 [삽입하기] 버튼을 클릭합니다.

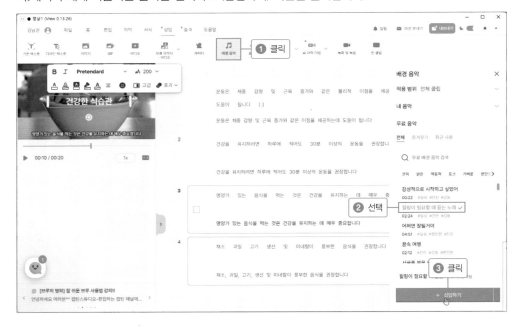

04 전체 문장을 선택한 다음 미리 보기를 클릭하여 작업 영상이 제대로 실행되는지 확인합니다. 동영상으로 저장하기 위해 [영상으로 내보내기]를 클릭합니다.

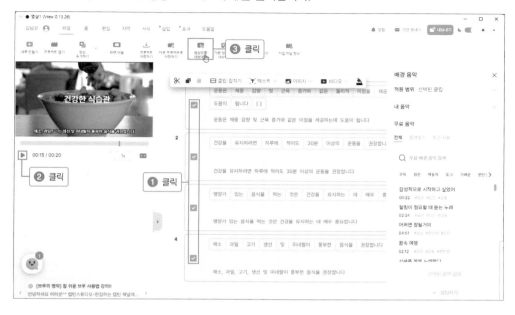

05 동영상으로 내보내기 대화상자가 표시되면 해상도와 화질 등을 설정하고 [내보내기] 버튼을 클릭합니다. 예제에서는 '원본(1,920x1,080, 고화질(권장)'을 선택하였습니다.

06 | 영상으로 내보내기 (.mp4) 대화상자에서 저장할 위치를 지정하고 이름을 입력한 다음 [저장] 버튼을 클릭하여 영상을 저장합니다.

07 | 저장된 영상을 재생시켜보면 타이틀과 자막, 이미지, 동영상으로 구성된 카드뉴스를 확인할 수 있습니다.

03

가상 인물로
유튜브 **영상**을
만들려면?

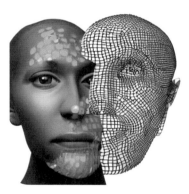

Image AI 作
나만의 유튜버 아바타!

유튜브 영상을 만들고 싶지만 자신의 얼굴 공개를 부담스러워하는 사용자가 많습니다. 정보를 단순히 음성이나 텍스트로 영상을 만들기보다 실제 가상의 아나운서나 강사가 발표하듯이 영상을 만들 수 있습니다. 전달하려는 정보를 챗GPT로 정리한 다음 가상 인물이 가상의 공간에서 발표하는 영상을 몇 분만으로도 손쉽게 만들 수 있습니다. 플루닛 스튜디오를 이용하면 원하는 스타일의 AI 인물과 배경, 자막 및 편집 작업을 누구나 쉽게 만들 수 있도록 다양한 서비스를 제공하고 있습니다.

❶ 가상 메타휴먼 설정과 대화 톤, 의상 스타일, 대본 등을 설정

❷ 동영상의 소스들을 타임라인으로 불러들이고, 클립 위치 조정

❸ 타이틀을 자성과 설정 후 영상 내보내기와 프로젝트 저장

AI 메타휴먼 설정하기

01 | 웹 브라우저에서 'studio.ploonet.com'을 입력하여 플루닛 스튜디오 사이트로 이동합니다. 처음 사용자는 〔베타 가입〕을 클릭합니다.

02 | 개인 회원으로 '누구나'를 클릭하고 서비스 약관을 확인한 다음 〔동의하기〕 버튼을 클릭합니다.

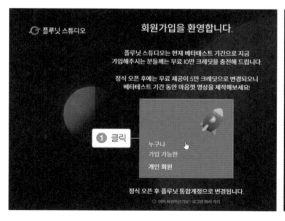
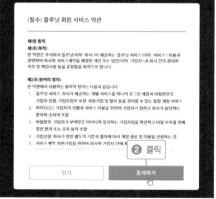

03 | 영상을 제작하기 위해 [스튜디오 시작하기] 버튼을 클릭합니다.

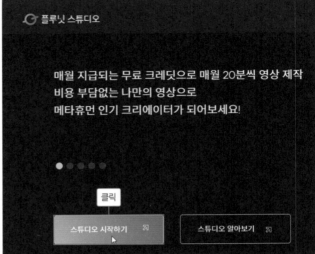

04 | 새로운 프로젝트를 만들기 위해 [새 프로젝트 만들기] 버튼을 클릭합니다.

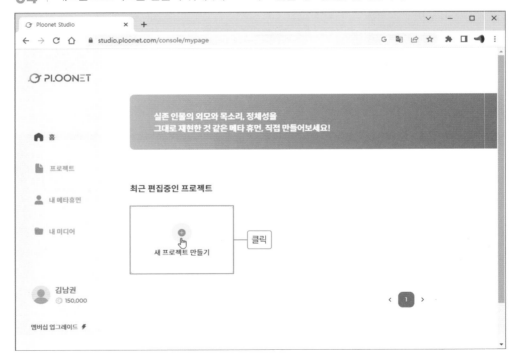

05 │ 새 프로젝트 만들기 대화상자가 표시되면 프로젝트 이름과 프로젝트 설명을 입력하고 프로젝트 언어를 지정한 다음 〔다음〕 버튼을 클릭합니다.

> 영상 작업이 완료되었거나 진행중인 프로젝트 파일은 플루닛 스튜디오의 프로젝트 메뉴에서 확인이 가능합니다. 따라서 여러 프로젝트를 진행할 경우를 위해 구분 가능한 이름을 지정합니다.

새 프로젝트 만들기   ❶ 입력

프레젠테이션 강의

프레젠테이션 강의 방법을 소개합니다.|

프로젝트의 언어를 선택해주세요

한국어   ∨   ❷ 지정

❸ 클릭 ─ 다음

06 │ 프로젝트에 어울릴 메타휴먼을 선택합니다. 예제에서는 프레젠테이션을 강의하는 여강사에 어울리는 메타휴먼을 선택하였습니다.

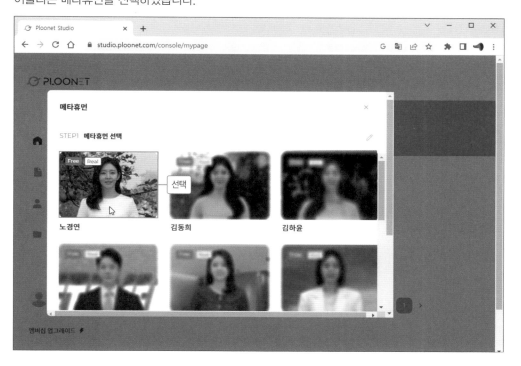

07 | 메타휴먼의 스타일을 선택하기 위해 의상을 선택합니다. 여기서는 〔세미정장〕을 선택하였습니다.

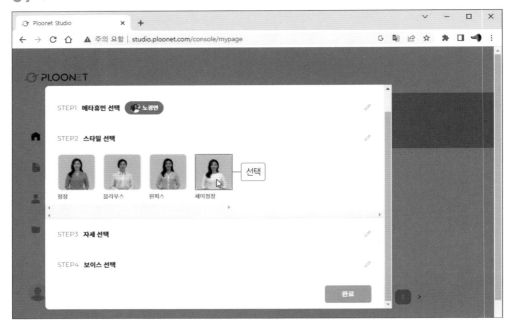

08 | 자세 선택과 보이스 선택을 선택합니다. 강사를 표현하기 위해 자세는 정자세로, 보이스는 〔일반〕으로 선택하고 〔완료〕 버튼을 클릭합니다.

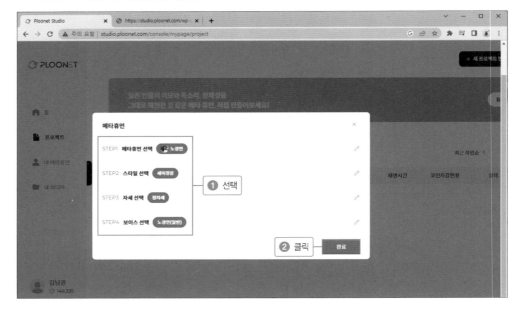

챗GPT로 대본 만들어 스크립트 적용하기

01 | 새 프로젝트 만들기 대화상자가 표시되면 화면 사이즈를 (기본 사이즈(16:9))로 지정하고 (프로젝트 생성하기) 버튼을 클릭합니다.

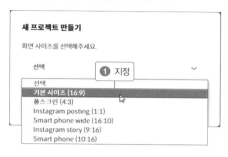

02 | (영상 생성) 버튼을 클릭하고 메타휴먼 메뉴에서 대화 유형을 (독백형)을 선택한 뒤 (다음) 버튼을 클릭합니다.

> **알아두기**
>
> 대화형일 경우에는 메타휴먼의 인원을 선택한 다음 참여 인원별로 설정과 스크립트를 지정해야 합니다.

03 │ 메타휴먼이 말할 대본을 만들기 위해 챗GPT에서 프레젠테이션 잘하는 방법을 질문한 다음 답변이 표시되면 해당 텍스트를 복사합니다.

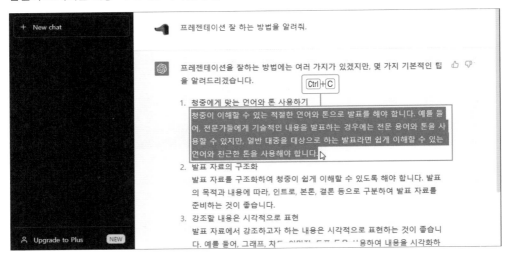

04 │ 스크립트 작성 단계의 스크립트 입력 창에 Ctrl+V를 눌러 챗GPT가 답변한 내용을 붙여 넣고 (완료) 버튼을 클릭합니다.

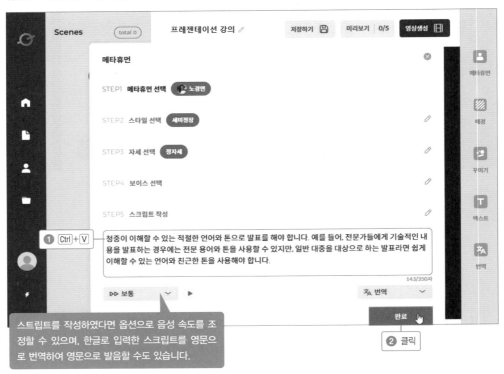

05 | 앞의 과정에서 설정한 메타휴먼이 표시됩니다. 메타휴먼을 클릭한 다음 위치를 이동시키기 위해 왼쪽으로 드래그합니다. 위치가 수정되면 '닫기' 아이콘(⊗)을 클릭합니다.

영상 배경 변경하기

01 | [배경] 버튼을 클릭하면 제공하는 배경 이미지가 표시됩니다. 원하는 이미지나 동영상 배경을 클릭하여 사용이 가능합니다.

02 예제에서는 내 PC에 저장된 이미지를 배경 이미지로 사용하기 위해 [이미지]를 클릭한 다음 [내 이미지]를 클릭하여 [파일 업로드]를 클릭합니다. 열기 대화상자에서 배경 이미지로 선택할 파일을 선택하고 [열기] 버튼을 클릭합니다(소스 파일: 강의배경1, 강의배경2.jpg).

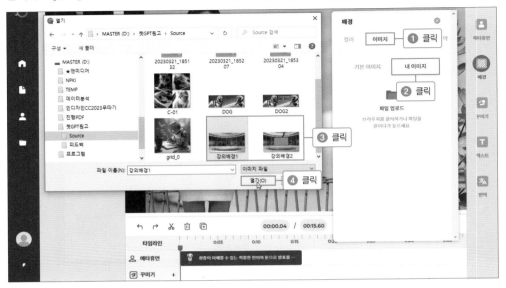

03 예제에서는 두 개의 배경 이미지를 불러옵니다. 먼저 '강의배경1' 이미지를 클릭하면 배경 타임라인에 배경 이미지가 표시됩니다. 메타휴먼 인물 배경에 영상 배경이 표시됩니다.

04 │ 적용된 강의 1번 배경 이미지 클립의 오른쪽 부분을 클릭한 다음 왼쪽으로 드래그하여 영상의 절반 정도로 줄입니다.

05 │ [배경] 버튼을 클릭하여 이번에는 2번 배경 이미지를 클릭하여 영상으로 불러들입니다.

06 │ 타임라인에서 배경1 트랙으로 위치된 2번 배경 이미지 클립을 드래그하여 1번 배경 이미지 클립 오른쪽으로 드래그합니다.

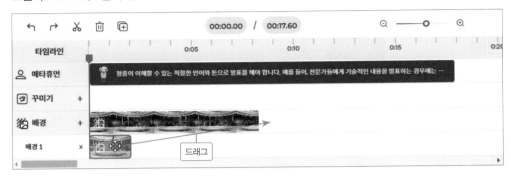

07 │ 배경 트랙의 2번 배경 이미지 클립의 길이를 그림과 같이 메타휴먼 트랙에 위치한 스크립트 클립의 길이에 맞춰 조정합니다.

타이틀 입력하기

01 타이틀을 입력하기 위해 [텍스트] 버튼을 클릭한 다음 문자 입력 창에 '프레젠테이션 강의법'이라고 입력합니다. 입력한 텍스트의 서체와 두께, 크기를 지정하고, 문자 색상을 노란색을 선택합니다.

02 시간 표시자를 2번 배경 이미지 클립 위에 위치시키면 화면 중앙에 녹색의 문자 배경이 표시됩니다. 입력한 '프레젠테이션 강의법' 문자를 녹색 박스 안으로 드래그하여 위치시킵니다. 꾸미기 트랙에 위치한 문자 클립을 2번 배경 이미지 클립과 동일한 길이로 드래그하여 조정합니다.

영상 출력하고 다운로드하기

01 영상 편집이 완료되었다면 영상을 제작하기 위해 [영상 생성] 버튼을 클릭합니다. 프로젝트를 영상으로 내보낼지 묻는 대화상자가 표시되면 [확인] 버튼을 클릭합니다.

02 확장자를 선택하는 대화상자가 표시되면 원하는 파일 포맷을 선택합니다. 예제에서는 'mp4'로 지정하고 [다음] 버튼을 클릭합니다. 화질 선택을 '720p'를 선택하고 [다음] 버튼을 눌러 인코딩 작업을 시작합니다.

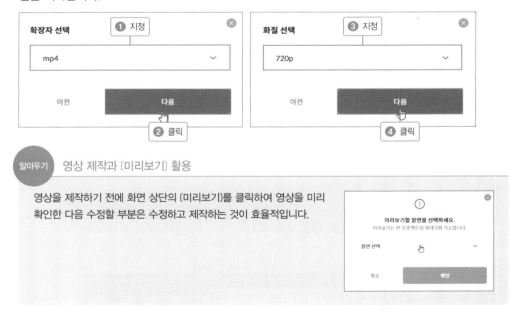

알아두기 영상 제작과 〔미리보기〕 활용

영상을 제작하기 전에 화면 상단의 〔미리보기〕를 클릭하여 영상을 미리 확인한 다음 수정할 부분은 수정하고 제작하는 것이 효율적입니다.

03 | 설정을 마무리하면 그림과 같이 인코딩이 진행됩니다. 화면에는 '인코딩중'으로 표시되어 있습니다.

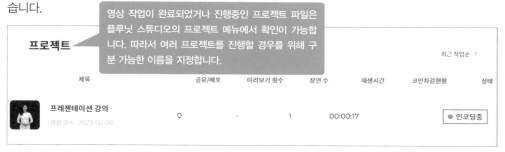

04 | 인코딩이 끝나면 프로젝트가 저장됩니다. 저장된 영상을 내 PC에 저장하기 위해 (다운로드)를 클릭합니다.

05 | 다운로드한 영상을 재생하면 챗GPT로 작성된 답변을 메타휴먼이 자연스럽게 말하는 영상이 재생됩니다.

04

내가 **원하는**
목적에 맞는
음악을 만들려면?

Image AI 作
유튜브 배경 음악도 이젠 정리 끝!

유튜브 영상이나 브이로그 영상, 강의 영상 등 의외로 영상에 배경 음악을 넣어 영상의 완성도를 높이는 경우가 많습니다. 하지만 인터넷에서 얻은 음악을 임의로 사용할 경우 영상의 주제에도 맞지 않을 뿐만 아니라 음원에 대한 저작권 문제도 발생할 수 있습니다. 이런 문제를 해결하기 위해서는 자신이 원하는 스타일의 음악을 AI를 이용하여 손쉽게 제작할 수 있습니다. 만들어진 음악을 이용하여 유튜브 등에서 수익을 창출할 수 있으며, 다양한 분야에서 상업적 사용이 가능합니다.

원하는 스타일의 음악 만들기

01 | 원하는 스타일의 음악을 제작하기 위해 주소창에 'soundful.com'을 입력하여 AI 음악 생성기 사이트로 이동합니다. 무료로 음악을 만들기 위해 (START FOR FREE) 버튼을 클릭합니다.

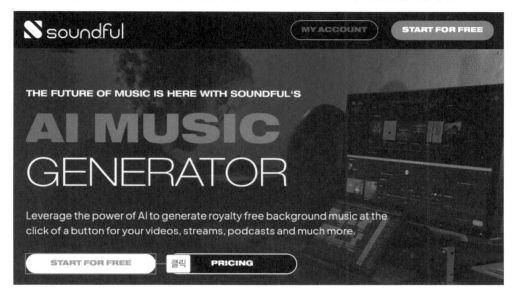

02 | 사용자 등록을 위해 이름과 메일 주소, 비밀번호를 입력한 다음 (SIGN UP FOR FREE) 버튼을 클릭합니다.

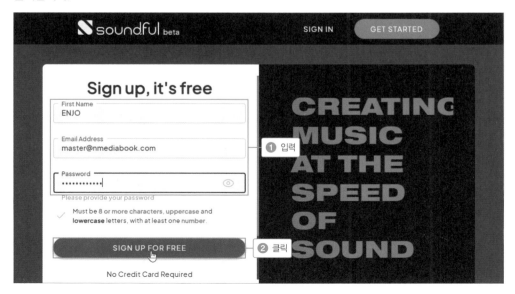

03 | Soundful의 이용약관 및 개인정보 보호정책에 동의 여부를 체크하고 〔CONTINUE〕 버튼을 클릭합니다.

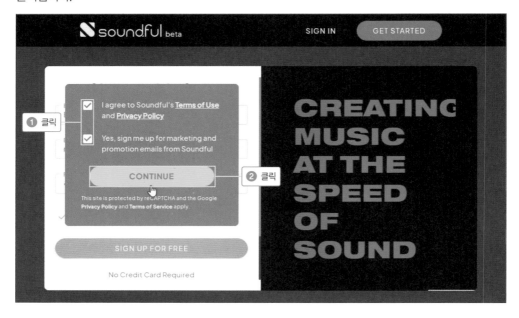

04 | 어떤 종류의 크리에이티브인지 묻는 화면이 표시되면 작업 영역을 선택합니다. 예제에서는 유튜브 영상을 제작하는 〔Video Creator〕를 선택한 다음 〔CONTINUE〕 버튼을 클릭하였습니다.

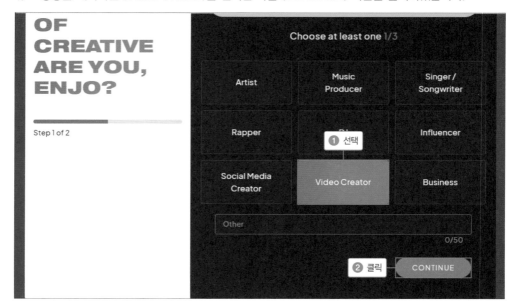

05 │ 어떤 음악이 관심 있는지 묻는 화면이 표시되면 관심 있는 음악 장르를 선택합니다. 예제에서는 〔RnB〕를 선택하고 〔CONTINUE〕 버튼을 클릭하였습니다.

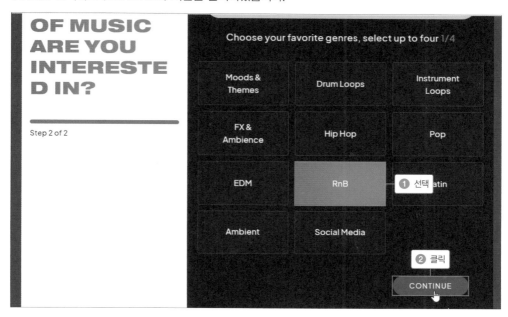

06 │ 음악을 만들기 위해 〔Create a Track Now〕 버튼을 클릭합니다.

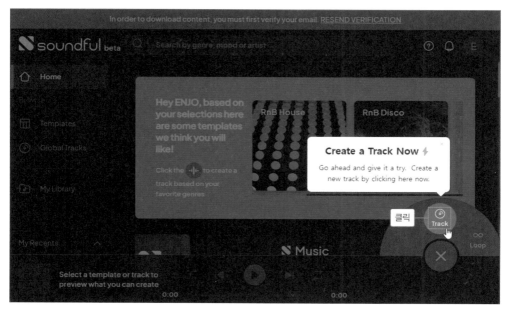

07 | 화면 하단에서 만들려는 음악의 장르를 선택합니다. 예제에서는 알앤비 음악을 만들기 위해 〔RnB〕를 선택하였습니다.

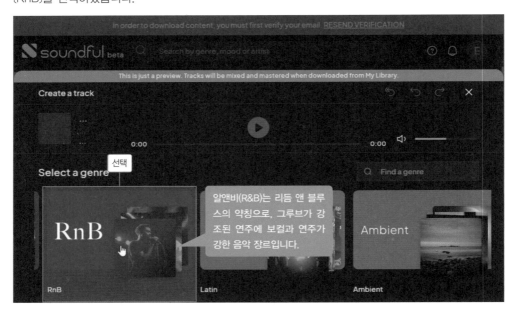

08 | 알앤비 장르에서 기본적인 템플릿을 선택합니다. 예제에서는 Select a template 옵션에서 〔RnB House〕를 선택하였습니다.

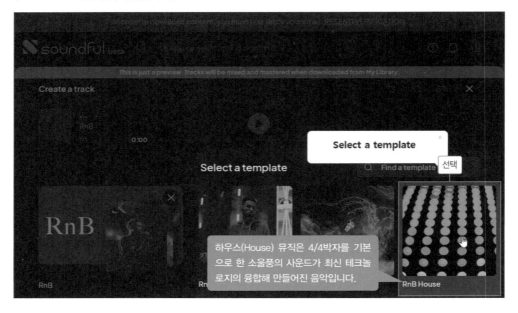

09 | AI 음악 생성기가 사용자가 선택한 음악 장르와 분위기에 맞게 음악을 만듭니다.

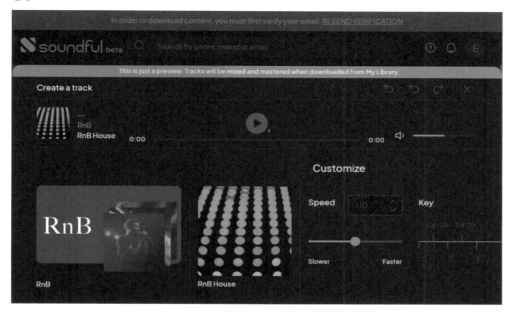

10 | AI 음악 생성기로부터 독창적인 음악이 만들어졌습니다. 만들어진 음악은 라이브러리에 저장되고, 무료로 다운로드할 수 있다는 메시지가 표시됩니다. 〔Done〕 버튼을 클릭합니다.

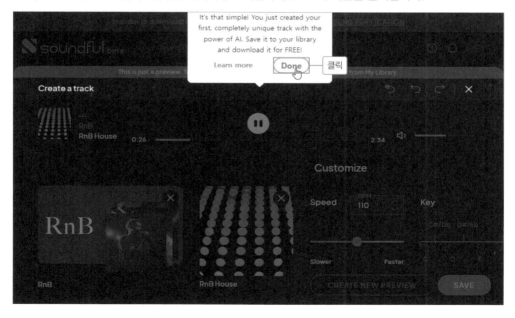

AI가 만든 음악 편집하기

01 만들어진 음악을 재생하여 음악을 듣고, 간편하게 수정할 수 있습니다. 음악의 속도를 조정하는 Speed 옵션의 슬라이더 바를 이용하여 조정이 가능하며, 음악의 키와 코드를 수정할 수도 있습니다.

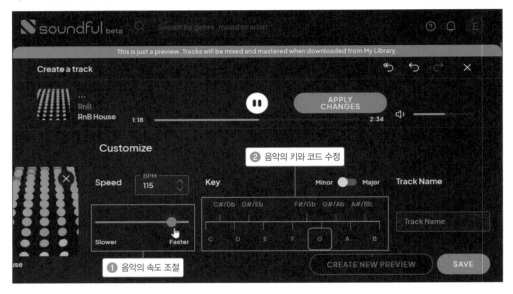

02 수정이 완료되면 Track Name 입력 창에 '배경음악-01'을 입력한 다음 [Save] 버튼을 클릭합니다.

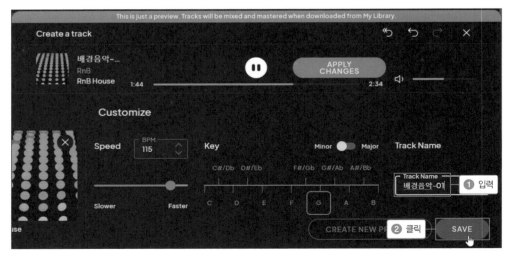

03 음악이 라이브러리에 저장되었습니다. My Liberary를 클릭하면 만들어진 음악이 저장되어 있는 것을 확인할 수 있습니다. 음악 파일을 내 PC에 저장하기 위해 〔GET〕 버튼을 클릭합니다.

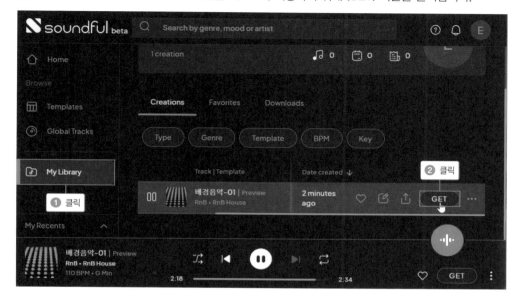

04 파일을 다운로드하기 위해서는 사용자 등록 시 입력한 메일 주소로 전송된 인증 메일을 확인해야 합니다. 받은 인증 메일에서 〔Verify email address〕 버튼을 클릭합니다.

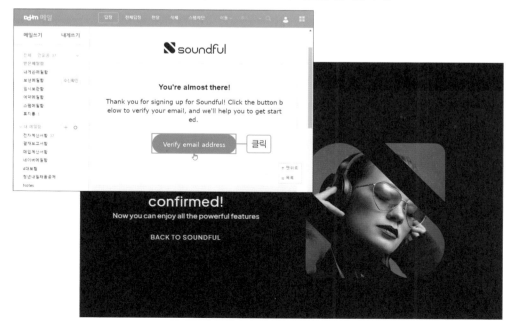

05 | 'Get Content' 대화상자가 표시되면 Standard download 항목을 선택하고 (Render & DOWNLOAD) 버튼을 클릭합니다.

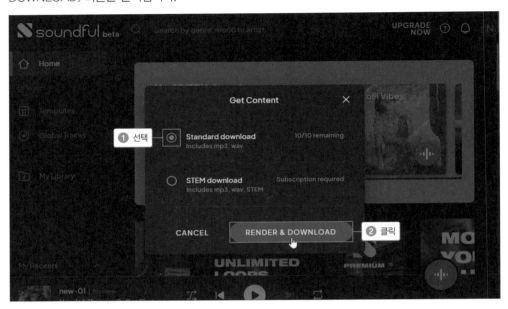

06 | Download Content 대화상자에서 저장될 파일 포맷을 체크 표시합니다. 에제에서는 '.mp3' 를 체크 표시하고 (DOWNLOAD) 버튼을 클릭하였습니다.

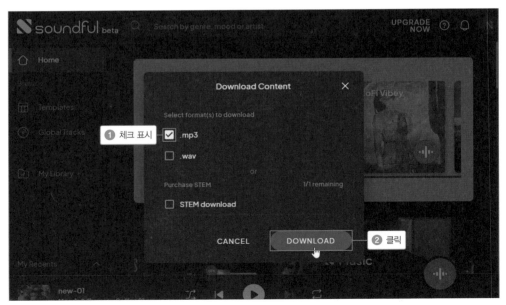

07 │ 다운로드된 파일을 재생하면 AI 음악 생성기가 제작한 음악을 감상할 수 있습니다.

알아두기 AI 음악 생성기, SOUNDRW

섬세하게 AI 음악 생성기를 이용하여 작업하려면 AI 음악 생성기인 SOUNDRAW를 이용하면 좀 더 다양한 음악을 선택하고 수정이 가능합니다.

❶ 'soundraw.io' 사이트로 이동한 다음 원하는 음악 장르를 선택합니다.

❷ 음악 테마와 길이, 스타일, 음악 사용 목적 등을 선택하면 기본적으로 AI 음악 생성기가 음악을 만듭니다. 생성된 음악들을 재생하면서 마음에 드는 음악을 선택합니다.

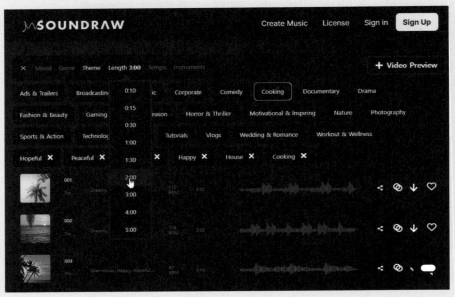

❸ 선택한 음악의 음절의 사운드 파형을 보면서 강약을 조정할 수 있으며, 음악에 사용된 악기의 적용 정도 등 세부 조정이 가능합니다.

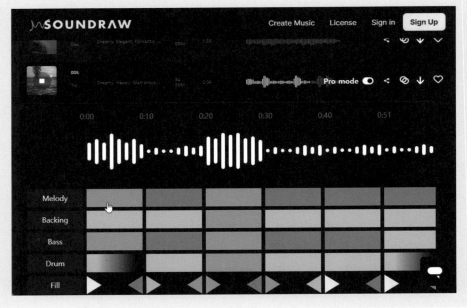

05

슬라이드 형태의
프레젠테이션을
제작하려면?

Image AI 作
프레젠테이션을 대신 해준다면!

파워포인트처럼 슬라이드 형태의 프레젠테이션 자료를 만들기 위해서는 발표 자료와 자료 정리, 관련 이미지 및 동영상 등을 정리하여 제작하게 되는데요. 주제만 제공하면 해당 자료와 관련 이미지를 자동으로 만들어서 프레젠테이션이 가능하게 만들 수 있습니다.

AI 프레젠테이션 제작 도구인 Tome을 이용하면 주제에 맞게 슬라이드 형식의 프레젠테이션을 제작합니다. 제작된 슬라이드는 프레젠테이션 작업 시 초안으로 참고할 수도 있으며, 원하는 내용이나 이미지 및 동영상을 교체하여 완성된 프레젠테이션 결과물로 사용할 수 있습니다.

파워포인트를 이용하여 빠르게 작업하는 방법으로는 템플릿을 이용한 구성 외에는 특별한 방법이 없습니다. 챗GPT 기능을 적용하면 프레젠테이션의 주제만 정해 모든 슬라이드 작업을 알아서 제작할 수 있습니다. 물론, 사용자는 만들어진 슬라이드를 검토하면서 수정 또는 추가하여 프레젠테이션 자료를 완성할 수 있습니다. 완성된 프레젠테이션 자료는 여러 사람에게 메일이나 링크를 전달하여 손쉽게 자료를 공유하고 협업할 수 있습니다.

계정과 작업 공간 만들기

01 ｜ 슬라이드 형태의 프레젠테이션을 제작하기 위해 구글 입력 창에 'Tome'을 입력하여 검색한 항목에서 'Tome-The AI' 항목을 클릭합니다.

02 ｜ Tome 웹사이트로 이동하면 무료로 Tome을 사용하기 위해 (Get Tome for free) 버튼을 클릭합니다.

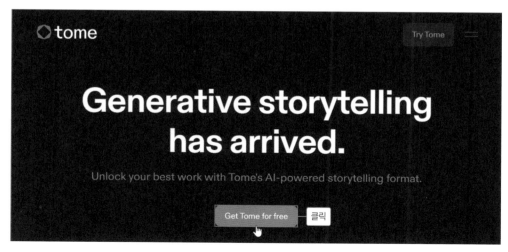

03 | Tome 사용을 위해서는 본인 계정을 선택해야 합니다. 구글 계정이 있다면 (Continue with Google) 버튼을 클릭합니다. 구글 계정이 없다면 하단의 입력 창에 메일과 패스워드를 입력하여 새로 등록해야 합니다.

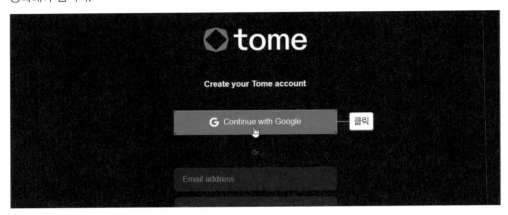

04 | 계정 선택 화면이 표시되면 사용하려는 구글 계정을 선택합니다.

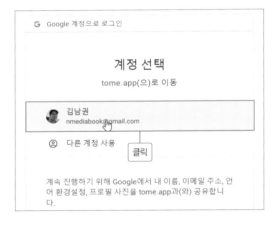

05 | 본인의 프로필을 지정하기 위해 ID 이름과 직업에서의 역할을 설정한 다음 (Next) 버튼을 클릭합니다.

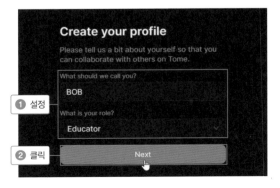

06 | 협업을 위한 작업 공간 이름을 지정한 다음 (Continue to workspace) 버튼을 클릭합니다.

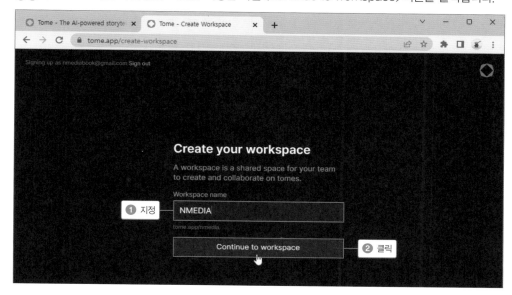

07 | 친구 추천 페이지가 표시되면 팀으로 작업하기 위한 사용자는 (Copy referral link) 버튼을 눌러 해당 링크를 친구에게 추천 가능합니다. (Continue) 버튼을 클릭합니다.

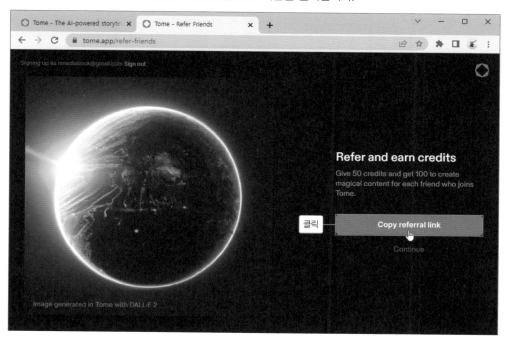

프레젠테이션 주제 입력하여 슬라이드 만들기

01 | 작업 화면이 표시되면 오른쪽에 파워포인트처럼 템플릿이 표시됩니다. 새로 만들기 위해 (Create) 버튼을 클릭합니다.

02 | 프레젠테이션의 주제를 입력 창에 입력합니다. 예제에서는 '최신 트렌드의 카페 인테리어'라고 입력하였습니다.

03 | 다음 그림과 같이 카페 인테리어를 주제로 슬라이드가 만들어졌습니다. 왼쪽에는 슬라이드 순서대로 섬네일 형식으로 표시되며, 오른쪽 화면에는 텍스트와 이미지로 구성된 슬라이드가 표시됩니다.

04 | 왼쪽의 슬라이드를 클릭하면 오른쪽에 콘텐츠와 AI가 만든 이미지가 표시됩니다. 영문으로 표시된 텍스트는 드래그하여 Ctrl+C를 눌러 복사하고 챗GPT나 구글 번역기로 한글로 번역한 다음 붙여 넣습니다. 맥 사용자는 마우스 오른쪽 버튼을 눌러 팝업 메뉴에서 바로 번역합니다.

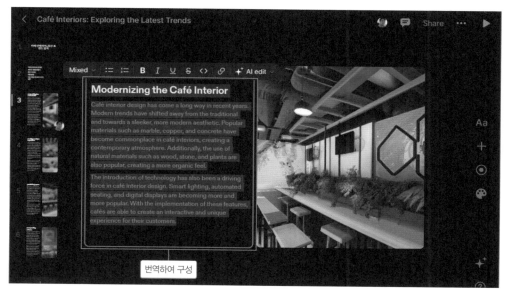

05 │ 한글로 번역된 문장은 문자 형태를 변경할 수 있습니다. 문자 형태를 변경하기 위해 변경하는 문자를 드래그하여 블록으로 지정하고, 문자 스타일을 선택합니다. 여기서는 슬라이드 제목을 블록으로 지정한 다음 (Heading)을 선택하였습니다.

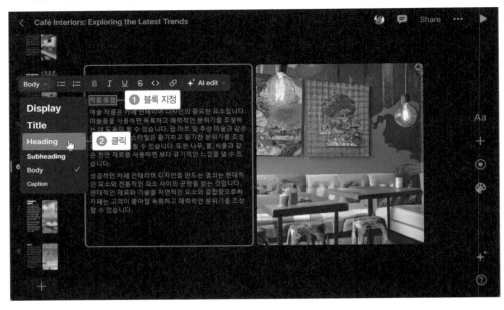

06 │ 다음 그림과 같이 문자의 크기가 굵고 큰 문자 제목(Heading)으로 변경된 것을 확인할 수 있습니다.

이미지 조정과 동영상 삽입하기

01 | 그림의 크기를 조정하기 위해 그림을 클릭한 다음 테두리선이 표시되면 그림의 왼쪽이나 아래쪽을 드래그하여 이미지 크기를 조정합니다. 예제에서는 그림 왼쪽 부분을 왼쪽으로 드래그하여 이미지의 가로폭을 크게 키웠습니다.

02 | 슬라이드에 동영상을 삽입하기 위해 〔+〕 버튼을 클릭한 다음 〔Video〕 버튼을 클릭합니다.

03 │ PC에 저장되어 있는 영상을 업로드하기 위해 (Upload) 버튼을 클릭합니다.

04 │ 열기 대화상자가 표시되면 업로드하려는 동영상을 선택하고 (열기) 버튼을 클릭합니다. 예제에서는 슬라이드 주제에 맞게 '카페동영상.mp4' 파일을 선택하였습니다(소스 파일: 카페동영상.mp4).

05 │ 동영상 크기를 조정해 보겠습니다. 동영상은 동영상의 크기대로 또는 동영상 박스에 꽉 차게 넣을 수 있으며 사용자가 크기를 설정할 수도 있습니다. 예제에서는 동영상 박스에 꽉 차게 넣기 위해 〔Size〕 옵션에서 〔Fill〕을 선택하였습니다.

06 │ 다음 그림과 같이 동영상이 슬라이드에 삽입되었습니다. 표시되는 〔재생〕 버튼을 클릭하여 동영상을 확인합니다.

07 | 다음 그림과 같이 동영상이 재생됩니다. 동영상 하단에는 동영상 재생 버튼과 슬라이더, 사운드 크기 조정 버튼 및 전체 보기 아이콘이 위치해 있습니다. 슬라이드 수정 작업이 완료되었다면 지금까지 제작된 슬라이드를 확인하기 위해 화면 오른쪽 상단의 '재생' 아이콘(▶) 실행합니다.

슬라이드 확인과 작업물 공유하기

01 | 화면 상단의 페이지 버튼을 클릭하거나 키보드의 화살표 키를 눌러 슬라이더를 확인합니다.

02 │ 〔Share〕 버튼을 클릭하고 누구나 링크를 클릭하여 프레젠테이션 파일을 열 수 있도록 〔Anyone with the link〕 → 〔Can play〕를 선택합니다.

03 │ 작업한 프레젠테이션의 링크 페이지를 복사하기 위해 〔Link to current page〕 → 〔Copied!〕를 클릭합니다.

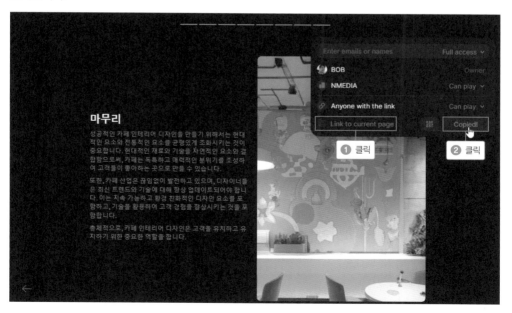

04 | 작업한 프레젠테이션 작업물을 공유하기 위해 상대방에게 메일을 작성합니다. 메일 내용을 입력한 다음 Ctrl + V를 누르면 링크 페이지 주소를 붙여 넣습니다.

05 | 상대방의 메일에는 링크 주소가 표시되어 있습니다. 프레젠테이션 결과물을 확인하기 위해 링크 주소를 클릭합니다.

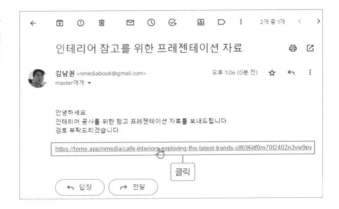

06 | 다음 그림과 같이 슬라이드 형식의 프레젠테이션 작업물을 웹브라우저로 확인할 수 있습니다.

찾아보기

Foreign Copyright:
Joonwon Lee   Mobile: 82-10-4624-6629

Address: 3F, 127, Yanghwa-ro, Mapo-gu, Seoul, Republic of Korea
       3rd Floor
Telephone: 82-2-3142-4151
E-mail: jwlee@cyber.co.kr

챗GPT & AI 활용법

2023. 4. 12. 1판 1쇄 발행
2023. 5. 17. 1판 2쇄 발행
2024. 1. 3. 1판 3쇄 발행
2024. 5. 29. 1판 4쇄 발행

지은이 | 앤미디어
펴낸이 | 이종춘
펴낸곳 | BM ㈜도서출판 **성안당**
주소 | 04032 서울시 마포구 양화로 127 첨단빌딩 3층(출판기획 R&D 센터)
　　 | 10881 경기도 파주시 문발로 112 파주 출판 문화도시(제작 및 물류)
전화 | 02) 3142-0036
　　 | 031) 950-6300
팩스 | 031) 955-0510
등록 | 1973. 2. 1. 제406-2005-000046호
출판사 홈페이지 | www.cyber.co.kr
ISBN | 978-89-315-5984-2 (93000)
정가 | 20,000원

이 책을 만든 사람들
책임 | 최옥현
진행 | 조혜란
기획 · 진행 | 앤미디어
교정 · 교열 | 앤미디어
본문 디자인 | 앤미디어, 박원석
표지 디자인 | 앤미디어
일러스트 | 김학수, 박범희
홍보 | 김계향, 임진성, 김주승
국제부 | 이선민, 조혜란
마케팅 | 구본철, 차정욱, 오영일, 나진호, 강호묵
마케팅 지원 | 장상범
제작 | 김유석

■ **도서 A/S 안내**

성안당에서 발행하는 모든 도서는 저자와 출판사, 그리고 독자가 함께 만들어 나갑니다.
좋은 책을 펴내기 위해 많은 노력을 기울이고 있습니다. 혹시라도 내용상의 오류나 오탈자 등이
발견되면 **"좋은 책은 나라의 보배"**로서 우리 모두가 함께 만들어 간다는 마음으로 연락주시기
바랍니다. 수정 보완하여 더 나은 책이 되도록 최선을 다하겠습니다.
성안당은 늘 독자 여러분들의 소중한 의견을 기다리고 있습니다. 좋은 의견을 보내주시는 분께는
성안당 쇼핑몰의 포인트(3,000포인트)를 적립해 드립니다.
잘못 만들어진 책이나 부록 등이 파손된 경우에는 교환해 드립니다.